Anke Gerstein

Zurück zum Absender
Wie ich die Welt verändern kann –
ein Reisebericht aus Gambia

Anke Gerstein

Zurück zum Absender

Wie ich die Welt verändern kann -
ein Reisebericht aus Gambia

Bibliografische Information der Deutschen Nationalbibliothek: Die Deutsche Nationalbibliothek verzeichnet diese Publikation in der Deutschen Nationalbibliografie; detaillierte bibliografische Daten sind im Internet über dnb.dnb.dnb.de abrufbar.

Layout: Chris Karavidas, Mathias Lederle
Lektorat: Angelika Schwientek
Herstellung und Verlag: BoD – Books on Demand, Norderstedt
ISBN: 9783759720795

Inhaltsverzeichnis

Vorwort

Es ist heiß. Die Schwüle treibt mir den Schweiß aus allen Körperporen. Die Luft flimmert in der Hitze. Ich sehne mich nach einem Lufthauch und vermeide jede Bewegung. Der einzige Zufluchtsort auf dem Grundstück meines Freundes ist der Mangobaum. Ein Affe springt vom Dach in seine Äste und der Hund bellt wie verrückt.

Es ist Oktober 2023. Ich folge der Einladung eines Freundes und befinde mich nun für vier Wochen in Gambia, wo ich von ihm sehr herzlich empfangen werde.

Nun hatte ich nicht mit dieser Hitze gerechnet. Überhaupt hatte ich vor meiner Ankunft kaum eine Vorstellung von Gambia gehabt. Es überraschte mich, ein so einfaches und armes Land anzutreffen und dennoch mit so viel Großzügigkeit und Gastfreundschaft aufgenommen zu werden. Es waren tiefe Erfahrungen und Erkenntnisse, die ich dort machen durfte.

Die Hitze trug dazu bei. Eigentlich bin ich eher eine Aktivurlauberin, aber nun lernte ich neue Seiten an mir kennen. Ich war zufrieden, wenn ich einfach nur im Schatten saß. So ausgebremst, geschah das, was ich zu Hause mit all den alltäglichen Ablenkungen nicht geschafft hatte: Ich richtete meinen Blick vom Außen nach innen. Ich folgte dem Satz von Mahatma Gandhi „Möchtest Du die Welt verändern, fang bei Dir an!“ und versuchte, ihn durchzuarbeiten und mit Leben zu füllen. Die Einsicht, dass erst ich mich ändern muss, damit sich das Außen ändert, hatte ich gedanklich erfasst, aber nicht tiefer durchdrungen.

So wage ich mit der Darstellung meiner Reise im Außen den Blick in mein Inneres. Damit nutzte ich den Spiegel meines Umfeldes, um mich selbst besser zu entdecken. Da wir uns unbewusst überwiegend am Außen orientieren, ist die umgekehrte Richtung ungewohnt. Dazu kommt, dass wir selten verinnerlichen, dass unsere Gedanken Ursache für unsere Realität sind. Aus diesem Grund habe ich das Buch geschrieben. Es soll als eine Anregung dienen und eine Idee aufzeigen, wie wir an die Sache herangehen können.

Da wir ja alle Facetten in uns tragen, gibt es in uns alles, was wir auf den Prüfstein setzen könnten. Hier beschränke ich mich auf einige Aspekte, die mir besonders auf meiner Reise in Gambia gespiegelt wurden. Dabei haben Sie gleichzeitig die Gelegenheit, etwas über die Lebensweise in diesem fremden Land zu erfahren.

Ich wünsche Ihnen viel Freude beim Lesen und noch mehr Freude bei der Entdeckung Ihres Inneren, Ihrer Gewohnheiten, Ihrer Strategien, Ihrer Motivationen und Ihrer Emotionen. Wenn wir ehrlich und konsequent überprüfen, unsere Wunden heilen und in uns wandeln, was uns im Außen stört, dann wird sich unser persönliches und gleichzeitig unser kollektives Leben fulminant ändern. Dessen bin ich mir sicher!

Einleitung

Es ist im Jahr 1983, ich bin 19 Jahre alt. Ich komme gerade nach einem 6 Monate langen Aufenthalt in Brasilien wieder. Wir sitzen am Tisch und ich diskutiere heftig mit meinem Vater über die Auswüchse des Kapitalismus, den ich in Brasilien hautnah erlebt habe. Gleichzeitig befinden wir uns in der Zeit des Ost-West-Konfliktes, in der beide Seiten atomare Aufrüstung betreiben. In diesen bewegten Zeiten besuche ich Demonstrationen, Dritte-Welt-Gruppen und halte Vorträge über meine Eindrücke in Brasilien.

40 Jahre später bin ich wieder an diesem Punkt. Ich frage mich: Wie und wo kann ich mich engagieren, damit die Welt friedlicher und menschlicher wird?

Bis dato hatte ich alle Fehler im Außen gesucht und versucht, im Kleinen dort etwas zu verändern. Aber offensichtlich war das nicht zielführend. Im Gegenteil, ich bekomme heute den Eindruck, dass die Verhältnisse noch prekärer geworden sind.

Wie und wo finde ich den Schlüssel für wahre Veränderung? Wenn das Außen ein Spiegel unseres Inneren ist, dann muss ich bei mir anfangen. Diese Einsicht stellt all mein Tun im Außen über diese vielen Jahre in Frage und fordert mich gleichzeitig zu einer Selbsterforschung, einer radikalen Ehrlichkeit auf. Nur ist es auch mit einer alleinigen Erforschung nicht getan - es müssen auch Konsequenzen aus meinen Erkenntnissen folgen. Nur so wird sich die Welt zu einer besseren verändern.

Gestern schrieb mir eine Freundin, nachdem ich ihr einige Impressionen aus Gambia, einem der ärmsten Länder

Afrikas, geschickt hatte, folgende Zeilen: „Ich wünsche mir so sehr, … dass wir erkennen, dass es in Wahrheit nur eine Menschheitsfamilie gibt, die es verdient hat, in Liebe, Frieden, Freiheit und Wohlstand zu leben."

Wenn wir diese Werte in uns gefunden haben und leben, wird sich unsere äußere Welt danach gestalten. Ich finde, dass es nun dafür an der Zeit ist.

Vergänglichkeit

Vor drei Tagen sind wir in Gambia angekommen. Dort besuchen wir einen Freund, der von hier stammt und mit einer Holländerin verheiratet ist. Er hat mich eingeladen, mir seine Welt zu zeigen. Wir landen während eines heftigen Gewitters. Die ersten Eindrücke sammeln wir auf dem Weg vom Flughafen zu ihm nach Hause. Die Stadt liegt im Dunkeln. Bei Regen fällt regelmäßig komplett der Strom aus. Es entstehen riesige Pfützen, ja fast schon Überflutungen, auf den Straßen, die aus Lehm bestehen. Wir brauchen Stunden, bis wir bei der Wohnung ankommen, die er für uns gemietet hat.

Dort erwartet uns eine Mischung aus vergangener Schönheit (Fliesen, Stuckdecken, Leuchter) und heruntergekommener, ungepflegter Einrichtung. Ich erinnere mich an die Romane Isabelle Allendes, in denen Schilderungen der Vergänglichkeit einen großen Raum einnehmen. Vergänglichkeit, die im Zusammenhang mit der Natur steht. Die Luftfeuchtigkeit, die Regenmassen und die folgende Hitze spiegeln uns wider, wie schnell sich Schönheit und Reichtum verwandeln können.

Mittlerweile sind wir schon einige Tage hier. Es ist ein Eintauchen in diese mir fremde Welt, die keine sterile Sauberkeit und Ordnung kennt. Stattdessen habe ich das Gefühl von Umwälzungsprozessen. Alles ist in Verwandlung.

Was bekomme ich hier gespiegelt? Für uns Westeuropäer ist es schwierig, diese Tatsache zu akzeptieren: Aber: Nichts Materielles ist für die Ewigkeit bestimmt. Wenn wir das zu verhindern versuchen, dann handeln wir gegen ein Naturgesetz. Stattdessen können wir uns auf Erneuerung in der Wandlung konzentrieren. Erneuerung kann bedeuten, dass wir Altes, was der Vergänglichkeit anheimfällt, gehen lassen und Neues einladen, sich in uns zu entwickeln.

Dabei kann ich lernen, zu unterscheiden, Dinge zu würdigen und zu pflegen, die mir weiterhin dienlich sind. Und Dinge, die sich überlebt haben, mit Dank gehenzulassen. Das gilt auch für Beziehungen mit Menschen, Arbeitsstellen, Phasen und Orten.

Gehe ich erneut in mich, merke ich, dass mir diese Tatsache der Vergänglichkeit immer wieder Angst gemacht hat. Zu schön ist es, sich in meinem Wohlfühlbereich eingenistet zu haben, in dem ich alles kenne und der mir Sicherheit vorgaukelt. Ich meine, wir haben es uns über zig Jahre hinweg bequem gemacht. Und auf einmal – während der Corona-Pandemie – war nichts mehr so, wie es war. Und da fing meine Unsicherheit an.

Während ich diesen Text schreibe, merke ich, wie dankbar ich werde, diese Unruhejahre, die seit ein paar Jahren für mich eingetreten sind, erleben zu dürfen. Ich bekam und habe weiterhin die Chance, mich unweigerlich auf Veränderungen einzulassen. Ich darf meine Ängste anschauen und so manchen Schritt ins Neue wagen. Ich darf mich ent-wickeln – im wahrsten Sinne des Wortes. Diese Möglichkeit ist ein großes Geschenk, obwohl es auch mit Leid, Schmerz und Ängsten verbunden ist.

Und noch etwas fällt mir auf: Wenn ich mich mit der Vergänglichkeit im Außen beschäftige, dann ist das gleichzeitig ein Aufruf für mich, nach dem Ewigen in mir zu fragen. Was ist das, was man als Auge des Hurrikans bezeichnet in mir? Wer bin ich wirklich, in meiner Essenz? Wo finde ich dort meine Sicherheit, auf die ich mich hundertprozentig verlassen kann?

Mir wird bewusst, dass ich mit der Beantwortung dieser essentiellen Frage völlig angstfrei leben kann. Von daher lohnt es sich umso mehr, in diese Frage einzutauchen: Um die Antwort in sich selbst zu entdecken.

Sicherheit

Hier in Gambia haben wir ein Quartier in einem Wohnviertel gemietet. Dort stehen unterschiedlich große Häuser, einstöckig bis vierstöckig, aus Zement, vom Standard einer Baracke bis zu gehobener Qualität, außen vollständig gekachelt. Alle Häuser haben etwas Gemeinsames: Sie sind von mindestens 2,5 Meter hohen Mauern umschlossen, an deren Oberkante sich entweder Stacheldraht oder einzementierte Scherben befinden. Die Türen werden sofort verriegelt und auch von innen abgeschlossen. Hier in der Nachbarschaft gibt es einen wohlhabenden Mann aus Libyen, der seine Mauern zwei Mal im Jahr einreißen lässt, um sie weiter zu erhöhen. Mittlerweile ist er bei vier Metern angelangt, das übertrifft bei weitem die Höhe der Gefängnismauern der Strafanstalt von Gambia.

Obwohl unser Freund immer wieder betont, Gambia sei ein sicheres Land und wir in dieser Hinsicht keinerlei schlechte Erfahrungen gemacht haben, scheint das Bedürfnis nach Sicherheit hoch zu sein. Ich kenne diese Bauweise aus Brasilien. Bereits damals waren die Unterschiede zwischen Arm und Reich so eklatant und die Kriminalität so hoch, dass es für Wohlhabende erforderlich war, sich vor Einbrechern zu schützen.

Worauf ich hinaus will: Zu zeigen, wie tief unser Bedürfnis nach Sicherheit ist. Momentan, konfrontiert mit einer immer unsicherer werdenden Weltlage, kommt dieses Sicherheitsbedürfnis erst recht zum Vorschein. Was wird aus unserem Land? Was wird aus meiner Arbeitsstelle, was wird aus meiner Rente? Was wird aus unserem Geldsystem? Kann ich die Energiepreise demnächst noch bezahlen? Haben wir genug Energie zur Verfügung? Klimawandel, die nächste Pandemie, Atom- und Biowaffen – ich könnte noch viele Faktoren aufzählen, die uns Gründe geben, uns unsicher zu fühlen. Eine ähnliche Unsicherheit kann ich in Bezug auf Beziehungen zwischen uns Menschen feststellen.

Seit einigen Jahren fühle ich immer mehr, dass das Außen mir keine Sicherheit bietet. Ich hatte mir das all die Jahre vorgegaukelt und es mir bequem gemacht. Mittlerweile holen mich immer öfter Gedanken ein, wie ich mich auf einen Notfall vorbereiten kann. Diese Maßnahmen reduzieren meine Bedenken allerdings nur kurzfristig, denn die Bedrohungen sind zu allumfassend, als dass die Maßnahmen reichen würden.

Ich glaube, dass auch an diesem Punkt der Schritt nach innen gegangen werden muss. Dort kann ich meine Selbstsicherheit finden. Ich werde mir meiner selbst bewusst und generiere daraus meine Sicherheit. Um dorthin zu gelangen, bedarf es einiger Entwicklungsschritte. Vermutlich haben einige von uns keine sichere Kindheit erlebt. Eine Kindheit, in der das Kind sich verbunden und beschützt fühlen konnte und gleichzeitig die Möglichkeit hatte, seinen Drang nach Autonomie auszuleben.

Denn das ist die Grundlage von Urvertrauen: Die Welt in einem geschützten Rahmen erkunden zu können. Dadurch entdeckt das Kind seine Fähigkeiten und bildet Ressourcen, auf die es später in bestimmten Situationen zurückgreifen kann. Hat diese Entwicklung nicht stattgefunden oder wurde dem Kind die Bindung in frühen Jahren vorenthalten, wird es mit einem Gefühl der Unsicherheit durch sein Leben gehen und versuchen, Sicherheit im Außen zu finden.

Nicht umsonst sind wir Deutschen ein Volk, in dem sich die Menschen am meisten mit Versicherungen eindecken, obwohl unser Land, verglichen mit vielen anderen Ländern, deutlich weniger Risikopotential in sich trägt.

Auch ich merke immer wieder mein Bedürfnis nach Sicherheit. Ich kann ihm begegnen und überprüfen: Falls ich wirklich keine Rente bekäme, was könnte ich dann machen? Mir würde mit Sicherheit etwas einfallen. Was wäre, wenn mir mein Haus weggenommen würde? Ich bin unendlich dankbar für mein Haus, habe aber in meinem Leben auch schon gut in anderen Räumlichkeiten gelebt. Was wäre, wenn ich nichts mehr zu essen hätte? Ich würde meinen Garten umfunktionieren und selbst anbauen.

Letztendlich geht es darum, lösungsorientiert zu denken und damit das Vertrauen in sich aufzubauen, dass es für alles eine Lösung gibt. Auch, indem man andere Menschen zur Lösungsfindung mit einbezieht. Im Grunde machen es uns viele Menschen und Völker auf der Welt vor: Menschen, die durch Umweltkatastrophen oder Kriege ihr gesamtes Hab und Gut verloren haben.

Gefühlt geht es um das Loslassen alles Materiellen und dem, was uns wichtig erscheint. Im Grunde genommen ist das eine erste Vorbereitung auf unser Sterben, denn spätestens dann ist es so weit, dass wir uns von Geliebtem und von geliebten Menschen verabschieden müssen. Menschen, die in unsicheren Umständen leben, nehmen das natürlicher und gelassener als wir. Wir alle sind aufgefordert, in uns eine Sicherheit zu finden, die unumstößlich ist.

Diese Sicherheit finden wir im Zustand des ‚AllEins-Seins'. Indem wir uns immer wieder bewusst machen, wie angebunden wir mit allem in uns und um uns sind, können wir uns getragen und sicher fühlen. Manche Naturvölker sagen bewusst ‚Mutter Erde' („Pachamama") zu unserem Planeten. Wobei Pachamama weit mehr umfasst als nur unseren Globus und die Natur auf ihm. Vielmehr empfinden sie Pachamama als ein eigenes Wesen, das alles umschließt, was Materie ist. Es beherbergt alle Aspekte des

Bewusstseins in einem Gesamtbewusstsein. Mit dem Zusatznamen ‚Mutter' wird die Beziehung zu diesem Wesen ausgedrückt. Irgendwann, wenn die Mutterbeziehung ihren Zweck erfüllt hat und wir erwachsen werden, öffnet sich das Feld, und wir binden uns an das Große. An das Bewusstseinsfeld, das wir sind und das uns umgibt. Gelingt es uns, darin einzutauchen, steht uns alles zur Verfügung. Wir brauchen keine Sicherheit mehr im Außen, sondern schöpfen aus uns heraus. So erlangen wir Selbstbewusstsein und wahre Selbstsicherheit.

Es gibt noch einen Punkt, der mir hilft, zu meiner inneren Sicherheit zu kommen. Es ist meine Haltung, dass alles zu unserem Besten geschieht. Diese Einordnung schafft Vertrauen. Ich habe schon oft die Erfahrung gemacht, dass sich Dinge, bei denen ich zunächst nicht wusste, wozu sie gut gewesen sein könnten, später als Glücksfall herausgestellt haben. Mit dieser Haltung findet eine Öffnung statt. Ich kann das Leben als etwas Spannendes erleben und dabei neugierig sein, wie es sich später ordnet. Und neugierig sein, welcher Sinn sich daraus erschließt.

Diese Haltung ist wie ein Muskel, den man trainieren muss. Es ist sinnvoll, wenn wir bei kleinen Ereignissen damit anfangen, um bei größeren Herausforderungen auf dieses Vertrauen zurückgreifen zu können.

Ich gebe zu, dass es für mich noch ein Weg ist, mich komplett hinzugeben im Vertrauen, getragen zu werden. Aber ich übe, wann immer sich mir eine Gelegenheit bietet. Und die Gelegenheiten häufen sich. Außerdem versuche ich, meine Verbindung zur Mutter Erde durch Achtsamkeit zu intensivieren.

Und falls ich wieder abdrifte in das Gefühl von Unsicherheit, heiße ich dieses Gefühl willkommen und durchfühle es. So baue ich Schritt für Schritt Vertrauen auf und finde zu dem, was ich in meiner Essenz bin: Nämlich Sicherheit.

Gedanken formen unsere Realität

Es war wieder ein heißer, schwüler Tag in Gambia gewesen. Wir verabschieden uns von unserem Freund, um zu unserem Appartement zu gehen. Ich bin guter Hoffnung, da die Straßenlampen brennen und das ein Zeichen ist, dass Strom zur Verfügung steht. Die Zeichen für eine erfrischende Dusche vor dem Schlafen mit Ventilator stehen gut.

Kaum sind wir an unserer Haustür wird es dunkel. „Das gibt es doch nicht“, denke ich, „das ist ja wie verhext. Nicht schon wieder...“ Und schon fange ich an zu schimpfen. Die Möglichkeit zu duschen (da das Wasser nur über die elektrische Pumpe befördert wird) sehe ich schwinden. Und wieder einmal steht mir eine heiße Nacht bevor. Ich ringe um Gelassenheit, ohne Erfolg. In mir entsteht Drama: „Was für ein Urlaub ist das hier? Auf was habe ich mich hier eingelassen?“ „Ich will nach Hause, wo alles funktioniert.“ Wut gegen mich kommt hoch: „Wieso bin ich wieder so blöd gewesen, in eines der ärmsten Länder der Welt zu fahren? Und dann noch zu meinen, ich könnte hier einen schönen Urlaub verbringen? Wie doof und naiv kann man sein?“ Ein Gedanke dieser Art jagt den anderen. Nach einer Weile mit Blick auf den Ventilator erfasse ich, wie sinnlos diese Gedanken alle sind. Ich werde mit ihnen keinesfalls den Strom und das Wasser wieder ans Laufen bekommen. Und bin dabei, mir all die schönen Eindrücke und Begegnungen, die ich bereits in Afrika habe sammeln dürfen, zu zerstören. Ja, während ich diese negativen Gedanken hatte, war von dem Zauber nichts mehr zu spüren. Langsam komme ich wieder in eine Klarheit und merke, wie ich fähig werde, eine Entscheidung zu treffen. „Akzeptiere, was sich nicht ändern lässt und konzentriere Dich auf die schönen Dinge, die Dich umgeben." Ich fühle das Bett unter mir und meinen Körper, der funktioniert. Ich habe ein Dach über meinem Kopf. Ich bin satt und nicht durstig. Mir geht es gut. Erinnerungen an die Herzlichkeit der Menschen, die ich an diesem Tage getroffen hatte und an viele neue Dinge, die ich kennenlernen durfte, kommen hoch. Es entsteht Dankbarkeit. Mit solchen Gedanken entsteht sofort eine ganz andere Realität in mir. Immer wieder bin ich erstaunt, wie wir mit Bewusstheit steuern können. Es ist zwar immer noch heiß und ich schwitze, aber es fühlt sich jetzt friedlich an. Die Freude ist groß, als der Ventilator gegen 1 Uhr nachts wieder anspringt.

Kommen wir noch einmal auf das kausale Prinzip zurück und beleuchten es noch etwas tiefer. Das kausale Prinzip besagt, dass wir die Ursache dessen sind, von dem, was wir erleben. Dazu gibt es von Charles Reade ein paar weise Sätze, die es gut zusammenfassen:

Achte auf deine Gedanken, denn sie werden deine Worte.
Achte auf deine Worte, denn sie werden deine Handlungen.
Achte auf deine Handlungen, denn sie werden deine Gewohnheiten.
Achte auf deine Gewohnheiten, denn sie werden dein Charakter.
Achte auf deinen Charakter, denn er wird dein Schicksal.

Nehmen wir uns diese Worte zu Herzen, erfahren wir die Ausmaße, die unser Denken mit sich bringt. Sie bestimmen unser Leben, unsere Realität. Wir können mit ihnen gestalten und sie förderlich oder nicht förderlich einsetzen.

Dazu bedarf es einer bewussten Schulung unseres Geistes. Dazu müssen wir lernen, Denkprozesse zu erfassen und sie positiv zu gestalten.

Die Herausforderung liegt darin, dass sich unser Denken in den meisten Fällen unbewusst abspielt. Es ist wieder einmal der energiesparenden Weise unseres Gehirns zu verdanken, dass wir nicht ellenlang nach Gedanken und deren Umsetzung in Worte und Handlungen suchen müssen. Dennoch steht uns diese Unbewusstheit im Wege. Denn wie oben schon erwähnt, werden diese Abläufe zu Gewohnheiten, deren Tragweite uns oft nicht einmal im Entferntesten bewusst ist.

Als ersten Schritt können wir uns vergangene Ereignisse anschauen und überprüfen, welche Gedanken und Gewohnheiten zu bestimmten Ergebnissen geführt haben. Damit kommen wir unseren Gedankenmustern gut auf die Spur. Wir können daraufhin überprüfen, welche Gedanken eigentlich unsere sind oder welche wir von unseren Eltern oder Erziehungspersonen, vielleicht sogar unseren Ahnen, ungeprüft übernommen haben. Diese Untersuchung ist äußerst interessant, und am Ende fragte ich mich, welche Gedanken überhaupt zu mir gehörten.

Wenn wir uns über die Wirkung unserer Gedanken bewusst geworden sind, können wir versuchen, bewusst andere, förderliche Gedanken zu denken. Ich begrüße zum Beispiel jeden Tag von neuem mit Dankbarkeit und gebe ihm Anweisungen, wie er zu sein hat. Dabei stelle ich mir vor, wie es leicht geht, fließt, wie der Tag schöne Begegnungen entstehen lässt. In den meisten Fällen tritt es so ein, wie ich es mir morgens vorgestellt und gefühlt habe. Es ist eine leichte Übung, in der Sie schauen können, wie das Prinzip funktioniert. Sie können danach immer weiter Ihr Spektrum erweitern. Damit werden Sie zum Gestalter, zur Gestalterin Ihrer eigenen Realität.

Und noch etwas ist zu beachten: Die Dinge sind wie sie sind. Sie werden zu dem, was wir über sie denken und was wir daraufhin fühlen. Gehe ich voller Widerwillen zur Arbeit und denke nur daran, dass der Feierabend möglichst bald kommen möge oder gehe ich mit Dankbarkeit und Offenheit, und bin gespannt darauf, was dieser neue Tag mir wohl Gutes zu bringen vermag. Es ist eine Sache von Haltung und Blickwinkeländerung, die mein Leben fulminant in etwas Förderliches, etwas Sinnvolles und Schönes verändern kann.

Warum wir im Außen suchen

Ich liebe Schuhe. Da entspreche ich voll dem Klischee einer Frau. Und was ich neulich entdeckt habe, ist, dass ich genau dann, wenn ich mich nicht gut fühle, einen Katalog nehme, um nach neuen Schuhen Ausschau zu halten. Manchmal gelingt es mir, diesen Vorgang zu unterbrechen und manchmal bestelle ich, obwohl ich gar keine Schuhe bräuchte. Wenn der Postbote klingelt und ich das Paket öffne, bin ich für einen Moment erfreut. Es ist aber nur ein Augenblick der momentanen Befriedigung, der leider nicht lange anhält. Was für eine Illusion ist in mir am Werke, dass mich Schuhe erfüllen?

Noch ein Beispiel: Wir waren auf dem Weg nach Gambia mit einem Zwischenstopp in Barcelona. Dort mussten wir einige Stunden auf unseren Weiterflug warten. Wir schlenderten durch den Transit und kamen an einigen Dutyfree-Shops vorbei. Mein Blick fiel auf die großen Tafeln Lindt-Schokolade. Sofort entstand bei mir der Wunsch, eine zu kaufen, um sie als Notreserve für den Urlaub zu haben. Falls ich einmal Hunger auf etwas Süßes bekomme... wer weiß, ob es in Gambia überhaupt so etwas zu kaufen gibt. Was würde passieren, wenn ich meinen Hunger nach etwas Süßem nicht zu stillen weiß? Und obwohl es eine schlechte Idee ist, Schokolade in ein so heißes Land wie Gambia mitzunehmen und mir das gleichzeitig bewusst war, kaufte ich entgegen meiner Vernunft dann gleich zwei Tafeln. Wie kommt das, dass wir uns so abhängig machen vom Außen?

Es hat länger gebraucht, bis ich die Bewegung, uns ständig am Außen zu orientieren, begriffen habe. Und wie oben geschildert, sitzt diese Konditionierung immer noch in mir so tief, dass ich mich immer wieder daran erinnern muss, den Blick nach innen zu richten.

Am Anfang unseres Lebens in der Gebärmutter sind wir noch in der Einheit mit unserer Mutter. Das hat ein jähes Ende mit unserer Geburt. Die erste Bewegung, die ein Säugling macht, ist das Suchen nach der Mutterbrust. Dort findet er Wärme, Nahrung und das Gefühl von Sicherheit. Das ist die erste Prägung, dass Wohlbefinden vom Außen realisiert wird. Die menschliche Entwicklung geht weiter und vertieft diese Erfahrung. Wenn wir älter werden, sind es erst die Eltern, die uns das Gefühl der Befriedigung unserer Grundbedürfnisse geben. Danach kommen andere äußere Einflüsse dazu: Es ist vielleicht das Fahrrad zur Erstkommunion, ein Handy, dann der erste Freund, der uns glücklich macht. Dann geht unsere Suche nach Glück weiter. Wenn wir erst einmal erfolgreich in unserem Beruf sind, wenn wir ein Eigenheim realisiert und eine Familie gegründet haben. Ich könnte jetzt viele Dinge auflisten, mit denen wir täglich versuchen, uns zu befriedigen: Einkaufen, Essen, Sex, Alkohol, Süßigkeiten, Extremsport, Drogen: Die Liste ist lang. Wir versuchen, unseren inneren Mangel mit etwas im Außen zu befriedigen.

Diese Tatsache lässt sich auch aus der Gehirnforschung erklären. Unser Gehirn ist darauf aus, möglichst energieeffizient zu arbeiten, damit wir immer genügend Energie für Notlagen zur Verfügung haben. Denn da müssen wir schnell reagieren, um unser Leben zu schützen. So versucht unser Gehirn, einen möglichst kohärenten Zustand herzustellen bzw. ihn zu halten. Es spult Bekanntes ab und mag keine Veränderungen, wofür das Hirn zusätzlich Energie verbrauchen müsste.

Vor allem mag es keine Zustände von Angst. Angst produziert Inkohärenz im Gehirn, was unnötige Energie verbraucht. Da das Gehirn lösungsorientiert arbeitet, versucht es, Situationen herzustellen, in denen wir uns sicher und befriedigt fühlen. Nur so kommt es wieder in eine Ausgeglichenheit. Damit entsteht bei uns die ständige Suche nach dem Gefühl von Sicherheit, mit dem Ziel, in einen entspannten Zustand zu kommen.

Diese Tatsache wiederum nutzt die Konsumindustrie aus, indem sie uns alles Mögliche anbietet, was uns entspannen soll. Zudem gaukelt sie uns vor, was wir noch alles bräuchten, um wirkliche Erfüllung zu erfahren.

Es bleibt uns allerdings nicht verborgen, dass diese Befriedigungen im Außen immer nur kurzfristig funktionieren. Der glückliche Moment, wenn wir beispielsweise neue Schuhe kaufen, weilt nur einen kurzen Augenblick. Es ist der Moment, in dem wir unseren Mangel für einen Augenblick nicht spüren, der allerdings kurz darauf erneut in Erscheinung tritt.

Nun möchte das Hirn wieder Kohärenz und verlangt nach Wiederherstellung des energiearmen Zustandes. Also geht es von neuem los, wir wiederholen immer wieder unsere Bedürfnisbefriedigung im Außen.

Irgendwann kommt der Zeitpunkt des Innehaltens und wir fragen uns, ob es das wirklich sein kann, was den Sinn unseres Lebens ausmacht. An dieser Stelle können wir uns entscheiden: Entweder wir betäuben uns weiterhin oder wir fangen an, in uns das zu suchen, was wir im Außen vermeintlich zu finden glauben. Damit beginnen wir einen Weg, der uns zur wahren Selbstliebe und zu innerem Frieden führt. Er beinhaltet die Beschäftigung mit unserem Mangel und mit unseren Prägungen, aus denen unsere Gewohnheiten entspringen. Er fordert Achtsamkeit, Bewusstheit und Mut, uns mit unseren Wunden, die wir im Laufe der Jahre gesammelt haben, zu beschäftigen. Es ist ein Weg der inneren Heilung. Ich bin überzeugt, dass das der Weg ist, nicht nur uns selbst, sondern auch unsere zutiefst verletzte Welt zu heilen.

Schönheit

Wir fahren auf einer befahrenen Straße in Serekunda, als mein Reisepartner plötzlich zu mir sagt, wie schön das ist hier alles sei. Ich frage ihn, was er damit meine. Ich sehe Baracken, Verkaufsstände, kaputte Reifen, Müll, alte Palmenblätter, Kanister, alles in einer roten Staubwolke und dunklen Auspuffgasen. Dazwischen laufen die Einwohner, mit Kleidern aus wunderschönen, farbigen Stoffen, mit ihren kleinen Kindern auf dem Rücken oder großen Schalen auf dem Kopf. Bis auf die Menschen sehe ich eigentlich nichts Schönes. Im Gegenteil, ich bin immer wieder erstaunt, wie eine Umgebung so hässlich sein kann, wie hier in Gambia. Offensichtlich sieht mein Begleiter in all dem Schönheit. Wie verschieden unsere Art zu schauen und zu beurteilen doch ist. Schönheit entsteht im Auge des Betrachters, Hässlichkeit und die Beurteilung von beidem allerdings auch.

Das erinnert mich wieder daran, dass die Dinge, die uns umgeben, erst einmal neutral sind. Jeder Einzelne von uns nimmt diese Bilder auf und gleicht sie mit Vergangenem im Unterbewusstsein ab. Je nach dem, was wir mit den Bildern für Emotionen verbinden, fällen wir unser Urteil: Schön, hässlich, kalt, warm, angenehm, unangenehm und vieles mehr. Sobald unser Raster in uns steht, ist unser Blick festgelegt und somit auch die Art unseres Schauens. Auf diese Weise erleben wir eigentlich immer nur Wiederholung. Und gleichzeitig schaffen wir immer wieder Altes. Möchten wir etwas Neues kreieren, müssen wir in uns neue Bilder schaffen. Über den Tellerrand hinausschauen. Etwas zu denken wagen, was unsere alten Vorstellungen sprengt und die alten Glaubenssätze aushebelt, was alles unrealistisch und nicht machbar ist. Nur so kann eine neue Welt mit einem neuen Bewusstsein geschaffen werden.

In der Ausbildung zur Sterbeamme hatten wir einmal zur Hausaufgabe, an einen hässlichen Ort zu gehen und solange dort zu bleiben, bis wir etwas Schönes gefunden haben. Ich fange an, den tiefen Sinn hinter dieser Übung zu ahnen. Es lockert unsere Sichtweisen und unsere Fokussierungen. Wir veranlassen dadurch ein anderes Erleben und erweitern unser Spektrum. Wir schaffen Neues in uns. Natürlich hilft uns diese Art des Schauens auch in schweren Zeiten: Auch wenn die Welt um uns zusammenbricht, sind wir dennoch in der Lage, irgendwo etwas Schönes, Sinnhaftes zu entdecken. Das Schöne liegt in uns. Das zu erkennen, ist die Herausforderung.

Dazu fällt mir eine Geschichte ein, die mir mein Reisepartner erzählte. Er hatte von einer Frau gelesen, die in den USA in einen Fall verwickelt war, bei dem ein Mensch erschossen wurde. Man verurteilte die Frau zur Todesstrafe. Sie saß acht Jahre lang und wartete auf die Vollstreckung. Der Fall wurde neu aufgerollt und festgestellt, die Frau sei unschuldig. Bei ihrer Entlassung teilte sie mit, sie sei die glücklichste Frau der Welt, weil sie in der Zelle ihr Glück in sich gefunden habe. Vollkommen unabhängig vom Außen.

Wenn ich mich mit der Lage der Welt beschäftige, geht mir es wie in Gambia. Ich erblicke auf den ersten Blick wenig bis nichts, was ich positiv bewerten könnte. Profitgier, Spaltung, Gewalt, Zerstörung, Machtinteressen, viel Leid und Kummer. Es fällt mir schwer, darin Schönheit zu entdecken. In mir sträubt sich alles, dieser Übung nachzugehen. Meine Urteile liegen tief, sind alt und festgefahren. Sollte das vielleicht alles passieren, um uns den Weg zurück zur Menschlichkeit zu zeigen? Sollte es uns auf das aufmerksam machen, was wir in Zukunft nicht mehr möchten? Ich gebe zu, diese Art der Suche ist ziemlich global.

Vielleicht ist es besser, erst einmal im Kleinen in unseren Leben anzufangen. Ich versuche, meine Blickwinkel insoweit zu verändern, dass ich die Erfahrungen, die mir weh taten, in ein neues, positives Licht stelle. Zu schauen, was habe ich dadurch gelernt, welche Entscheidung habe ich danach für mich getroffen. Vielleicht auch: Wozu musste ich diese Erfahrung machen? Und letztendlich: Was ist in mir daraus erwachsen?

Um daraufhin den Schritt noch weiter in mich zu wagen: Die Schönheit in mir zu entdecken. Den Blick von außen nach innen so radikal zu wagen, dazu bedarf es einer mutigen Entscheidung.

In Gambia ist übrigens nicht alles hässlich. Ich finde die Menschen hier am schönsten. Ihre Würde, ihre Freundlichkeit, ihr Lächeln und ihre Gelassenheit. Ihre Art der Gastfreundschaft und der Solidarität untereinander. Das durften wir erfahren, und es berührte mich zutiefst.

Erwachsen werden

Vor einigen Wochen bekam ich ein weiteres Arbeitsangebot, das ich zunächst mit Begeisterung annahm. Wir wollten uns nach meiner Gambia-Reise zusammensetzen, um die Eckdaten zu besprechen. Das Eintauchen in die gambische Lebensrealität berührte mich und stellte mein ganzes Lebenskonzept auf den Prüfstand. Neulich sprachen wir noch mit unserem afrikanischen Freund, der zwar mit einer Niederländerin verheiratet ist, aber sich für ein Leben in seiner Heimat entschieden hat. Die Menschen in Gambia haben noch nicht vergessen zu leben. Sie arbeiten so viel, dass es zum Leben reicht. Danach leben sie Freude, Gemeinschaft, Entspannung. Tatsächlich spiegelt sich diese Haltung im Straßenbild wieder, wo wir viele in Gruppen sitzende Menschen sahen, die statt in Tun und Hektik mehr im Sein ruhten.

Je mehr Zeit wir hier verbrachten, desto größer wurden die Zweifel, ob ich noch einen weiteren Job annehmen sollte. „Wofür?“ fragte ich mich. Arbeit habe ich genug und das Geld reicht. Ein Jahr zuvor war ich einem Burnout nahe gewesen, hatte die Zeichen ernst genommen und meine Arbeitsstelle im Hospiz radikal reduziert. Sollte ich nun wieder in dasselbe Fahrwasser geraten?

Nach langem Überlegen entschied ich mich, das Jobangebot abzusagen. Damit begann das innere Drama. Stimmen wurden laut: Wie sage ich es, wo ich doch bereits großes Interesse gezeigt hatte? Damit enttäusche ich jemanden. Eigentlich müsste ich doch jedem zur Verfügung stehen, der meiner Hilfe bedarf. Einmal zugesagt, kann nicht mehr abgesagt werden. Puh, die Stimmen, „müssen, sollen, nicht dürfen“ wurden in mir immer lauter. Ich formulierte dieses Gefühl, in dem Satz: „Ich bin eine einzige Enttäuschung für die Welt.”

In mir spürte ich Emotionen der Wertlosigkeit, die in mir eine immense Traurigkeit verursachten. Und diesen Impuls: „Am besten gäbe es mich gar nicht erst”. Eine enorme Resignation machte sich in mir breit, ließ den Kloß im Hals wachsen und mein Herz schmerzen. Nach ein paar Minuten des Spürens war es vorbei. Ich merkte, wie sich alles auflöste und stattdessen Frieden und Verwurzelung einkehrten.

Der Impuls, meine Mutter anzurufen, um sie mit in die Entscheidung einzubeziehen, war weg. Ich erkannte, dass das ein kindlicher Impuls war, mir ihre Erlaubnis abzuholen. Was ist das, was uns mit fast 60 Jahren immer noch wie Kinder reagieren lässt? Es sind all die ungelösten, nicht konfrontierten Strukturen aus unserer Kindheit, vielleicht sogar schon aus einem früheren Leben. Sie kommen ans Tageslicht, damit wir sie anschauen. Sie wollen alle empfangen, willkommen geheißen und durchgefühlt werden. Nur so können sie integriert werden.

„Erwachsen werden“ habe ich dieses Kapitel genannt. Es hat mir wieder einmal aufgezeigt, wie oft ich unbewusst noch wie ein Kind reagiere. Sätze, die mit „ich müsste“, „ich sollte“ und „ich darf nicht” beginnen, stammen meistens aus der Kindheit. Immer wenn sie auftauchen, gilt es, sie auf ihren Wahrheitsgehalt zu überprüfen. Das Unterbewusstsein spielt sie automatisch in unseren Alltag ein, und wir reagieren darauf. Aber stimmt diese Reaktion für diese aktuelle, jeweilige Situation? Oder überprüfen wir und agieren mit dem, was wir gerade als wahrhaftig erachten?

All das hat mit Authentizität zu tun. Wir werden wahrhaftig wir selbst und können fühlen, was gerade stimmig ist.

Und können das in freundlicher und erklärender Art und Weise unseren Mitmenschen mitteilen. Und zwar im wahrsten Sinne des Wortes.

An dieser Stelle noch ein Gedankengang zum Erwachsen werden, wenn ich auf diese verrückte Welt schaue. Inwieweit begegne ich ihr mit Selbstverantwortung, auf Augenhöhe? Oder gibt sie mir das Gefühl, klein und wertlos zu sein? Bestimmt mich der Gedanke, alles ungefragt hinzunehmen? Warum lassen wir mehr oder weniger alles kritiklos und ohne Konsequenzen zu ziehen, mit uns geschehen? Ist es unsere Bequemlichkeit oder unsere Gewohnheit, es allen Recht machen zu wollen? Uns anzupassen, an das, was die Obrigkeit – früher waren es unsere Eltern – von uns erwarten?

Ist es nicht an der Zeit, für uns einzustehen, das Risiko einzugehen und Haltung zu zeigen? Eine Haltung, die Frieden, Wahrhaftigkeit, Liebe und Freiheit repräsentiert? So dass wir im letzten Schritt erfahren dürfen, dass wir bereits Frieden, Wahrhaftigkeit, Liebe und Freiheit verkörpern? Wenn wir das kollektiv hinbekämen, sähe unsere Welt mit Sicherheit anders aus.

Das kausale Prinzip

Oft schon bin ich zu meiner Mentorin gegangen mit einem Thema, bei dem ich mich ungerecht behandelt fühlte. Ich habe ihr empört den Vorgang geschildert in der Hoffnung, sie würde mit mir einstimmen und mir Recht geben. Das Einzige, was ich von ihr hörte, war ihre trockene und sachliche Frage: „Und was meinst Du, was das mit Dir zu tun hat?"

Genau das wollte ich nicht hören. Wie, ich bin doch das Opfer in dem Ganzen? Was soll das heißen, was hat das mit mir zu tun?

Wenn ich meine innere Empörung und Enttäuschung über ihre Reaktion überwunden habe, wage ich den Schritt, mir meine Anteile anzuschauen, die eventuell zu diesem Ereignis geführt haben. Schließlich gehe ich ja auch zu ihr, um etwas über mich zu lernen und nicht um mich bei ihr „auszukotzen".

Bin ich ehrlich zu mir selbst, merke ich, dass bestimmte Denkweisen und Haltungen meinerseits zu bestimmten Denkweisen und Handlungen bei meinem Gegenüber geführt haben. Dazu muss ich die Oberflächlichkeit, die mich im persönlichen Drama gefangen hält, in eine tiefere Innenschau wandeln.

Was hat das mit mir zu tun? Diese Frage bringt mich dazu, wie ein Detektiv zu forschen. Wie sahen meine Gedanken aus, wie wohlwollend oder nicht wohlwollend waren sie? Wie war meine Haltung? Was war eigentlich meine Erwartung? Wie abwertend habe ich im Vorfeld gedacht? Und warum bin ich dann über die abwertende Haltung meines Gegenübers so erstaunt? Je tiefer ich mit der Untersuchung gehe, desto größer werden die Abgründe, die sich in mir zeigen. Genau das ist es, was dabei herauskommen soll. Diese Abgründe, die wir in den Schatten schieben, wollen ans Licht und integriert werden. Das ist es auch, nach dem das kollektive Feld schreit. „Schaut nach außen, dann wisst Ihr, wie es in Eurem Inneren aussieht!"

Wie ich bei meiner Mentorin, reagieren auch meine Klienten oft mit Empörung, wenn ich ihnen das kausale Prinzip erkläre. Natürlich möchten wir zunächst lieber in unserer Opferrolle verweilen. Damit ist es uns möglich, jemand anderem unsere Selbstverantwortung in die „Schuhe zu schieben“. Es kann Wut auslösen und uns in den Grundfesten erschüttern, wenn wir uns unsere Rolle als Verursacher oder Verursacherin anschauen.

Aber es birgt in sich auch eine gute Nachricht: Sind wir es, die verursachen, können wir das Ergebnis auch ändern. Wir haben die Zügel in der Hand und sind nicht jemandem ausgesetzt. Wir können jederzeit handeln, verändern und wandeln. Wir werden uns bewusst, dass wir der Gestalter unserer Realität sind. Ab diesem Zeitpunkt ermächtigen wir uns selbst.

Voraussetzung für diese Selbstermächtigung ist radikale Ehrlichkeit vor uns selbst. Nur so können wir ergründen, was uns so hat agieren und reagieren lassen und wie daraufhin das Ergebnis aussah. Sind wir mit diesem Ergebnis nicht einverstanden, können wir unsere Aktion jederzeit ändern. Damit wird sich ein neues Ergebnis auftun, das wir wiederum überprüfen können.

Wir werden feststellen, wie sich unser Leben durch dieses Prinzip wandeln kann. Es entwickelt sich aus einem statischen Zustand, an dem wir aus Angst krampfhaft festgehalten haben, in etwas Bewegtes. Wir wachsen, machen Erfahrungen, evaluieren, machen neue Erfahrungen und reifen, worin meiner Meinung nach ein Sinn des Lebens liegt.

Spiegelung innen wie außen – außen wie innen

Ist Ihnen schon einmal aufgefallen, dass Sie sich niemals selbst anschauen, also ganz erfassen können? Nur ein Spiegel erlaubt es uns, uns selbst zu sehen. Aber auch der Spiegel zeigt uns nicht so, wie wir in der Realität sind. Denn er zeigt uns immer spiegelverkehrt.

Um uns selbst zu sehen, haben wir das Außen, das uns spiegelt. Wenn wir bewusst und offen sind, können wir über das, was wir im Außen erfahren, viel über uns entdecken. Das Spiegelgesetz schließt sich an das kausale Prinzip an. Was und wie ich denke, bestimmt meine Realität. Nun kann ich die Realität anschauen, um daraus Rückschlüsse zu ziehen, was ich über mich denke oder welche Haltung ich in der Welt zu bestimmten Dingen oder Menschen einnehme.

Besonders deutlich wird mir dieses Prinzip des Spiegels, wenn ich mich zum Beispiel über jemanden ärgere. Normalerweise schiebe ich meinem Gegenüber die Verantwortung zu. Er ärgert mich. Aber in Wirklichkeit ärgere ich mich, und zwar im wahrsten Sinne des Wortes. Ich reagiere auf etwas, was mich an ihm stört. Er löst bei mir etwas aus – und legt seinen Finger in eine meiner alten Wunden. Damit wird mir gezeigt, wo ich noch hinschauen soll, was noch zu heilen ist. Es wird etwas sein, was ich an mir selbst nicht mag, womit ich noch im Unfrieden bin.

Ein konkretes Beispiel: Mein Freund wirft mir vor, geizig zu sein. Ich reagiere empört und fühle mich verletzt. Sofort rechtfertige ich mich damit, ihm vorzurechnen, was ich alles in den letzten Jahren bezahlt habe, was ich immer mitbringe, wie oft ich ihn eingeladen habe. Seine Meinung über mich verletzt mich. Nach einer heftigen Diskussion gehe ich in mich und schaue mir an, warum mich diese Bemerkung so getroffen hat. Anscheinend denke ich genauso über mich, bin es vielleicht auch tatsächlich. Nach einer Überprüfung komme ich zu dem Ergebnis, dass achtsames Haushalten bei mir in meiner Kindheit verrufen war. Mein Bruder, der seine Schokolade, die es selten gab, im Handumdrehen aufaß, kam danach immer zu mir, die ich mir die Schokolade aufgeteilt hatte. Da das Gebot des Teilens immer an erster Stelle stehen musste, kam ich in das Dilemma, einerseits meine Schokolade für mich haben zu wollen, andererseits als geizig abgeurteilt zu werden.

Dieses innere Spannungsfeld wurde durch die Bemerkung meines Freundes getriggert. Das heißt, die Emotionen, die damit in Verbindung standen, schossen in mir hoch und erzeugten meine Empörung. Meine Überprüfung ging aber noch einen Schritt weiter. Inwieweit bin ich tatsächlich geizig? Ich entdeckte, dass ich mit anderen großzügig, aber mir gegenüber geizig sein konnte. Es gibt Situationen, in denen ich richtiggehend knauserig mit mir bin, obwohl meine finanzielle Lage viel mehr zuließe.

Es gibt aber noch ein anderes Spiegelprinzip, das etwas über uns selbst aussagt. Wenn ich zum Beispiel etwas an dem anderen partout nicht ausstehen kann. Daraus kann ich schließen, dass es eine Seite in mir ist, die ich an mir nicht leiden kann, die ich wahrscheinlich verdrängt oder abgespalten habe. Das funktioniert auch im Positiven. Finde ich etwas an jemanden bewundernswert, dann gibt das auch Auskunft über eine positive Seite in mir, über die ich mir nicht bewusst bin, dass ich sie auch habe.

Sind wir uns der Spiegelung im Außen bewusst, dann ergibt sich jegliche Verurteilung des Außen. Denn ich bin verantwortlich für das, was mir begegnet. Ich projiziere meine eigene Realität auf meine Umgebung. Wer hat nicht schon die Erfahrung gemacht: Denke ich positiv und habe eine wohlwollende Haltung meinem Umfeld gegenüber, begegnet mir Wohlwollendes und Positives. Im Umkehrschluss verhält es sich mit einer negativen Haltung. Niemals ist der andere schuld, bzw. verantwortlich. Deshalb kann ich mich immer wieder nach innen wenden, meine Projektion auf ihn zurücknehmen und mich fragen, warum sagt mein Gegenüber genau das in diesem Augenblick? Was ist das für ein Hinweis, was soll ich daraus lernen?

Alles, was in unserem Leben ist und jeder Mensch, der in unserem Leben ist, haben wir durch das, was wir aussenden in unser Leben gezogen. Begegnen mir durch andere Menschen Verhöhnung und fehlender Respekt, so kann ich davon ausgehen, dass ich respektlos mit mir oder mit anderen umgehe. Das Leben kann gar nicht anders, als mir das zu zeigen, da es ja als Spiegel meines Inneren fungiert.

Mit anderen Worten: So wie ich mich der Welt zeige, reagiert die Welt auf mich. Der Welt bleibt nichts anders übrig. Denn ich bin der Filmprojektor und die Welt, so wie ich sie sehe, ist die Leinwand. Die Bewegung geht also vom Innen ins Außen. Das haben wir so nicht gelernt, denn wir gingen und gehen immer davon aus, dass das Außen uns bestimmt. Deshalb ist es so wichtig, dass wir den Film verändern, den wir in den Filmprojektor legen. Damit sich das wandelt, was auf der Leinwand geschieht.

Gesundheit

Kurz nach seinem 50. Geburtstag äußerte unser afrikanischer Freund Beschwerden beim Atmen und bei bestimmten Bewegungen mit seinem Rumpf. Mein Reisebegleiter, der Arzt ist, untersuchte ihn daraufhin eingehend und stellte fest, dass es sich um eine Blockade handelte. Er gab ihm verschiedene Übungen an die Hand, rieb ihn mit einer durchblutungsfördernden Salbe ein und gab ihm Zuversicht auf Besserung.

Am nächsten Tag fuhr unser Freund bereits früh morgens ins Krankenhaus. Er hatte nachts besonders starke Schmerzen gehabt, und da es in Gambia keine Hausärzte gibt, führt der Weg für Einheimische direkt ins Krankenhaus. Dort schauten sie ihn nur grob an. Anstatt ihn zu untersuchen, verschrieben sie ihm eine Vielzahl an Medikamenten, für die er insgesamt 20 Euro ausgegeben musste, eine Summe, die für einen Kellner in Gambia fast ein Monatsgehalt bedeutet. Wir überprüften die Medikamente: Ein Antibiotikum, ein Mittel gegen Übersäuerung des Magens, ein Magenschutz und ein Schmerzmittel. Das ist ungefähr so, als wenn man mit der Schrotflinte auf Spatzen schießt. Eine Sache wird wohl helfen, die übrigen drei Mittel sind nutzlos. Im Gegenteil: Sie schaden - und leeren den Geldbeutel.

Als ich vor 35 Jahren als Krankenschwester in Brasilien auf dem Land arbeitete, fiel mir das bereits auf: In den Dörfern hatten die Menschen kaum Geld, um sich genügend Essen zu kaufen, aber jeder hatte eine Schachtel Antibiotikum in der Schublade liegen, von der man sich bei jedem Anflug von Erkältung unwissend bediente. Damals wurde mir klar, wie stark der Einfluss der Pharmaindustrie selbst in der hintersten Ecke der Welt ist. Ich begriff es als Teil meiner

Arbeit, die Pflanzenheilkunde, die den Menschen abhanden zu kommen drohte, in ihr Leben zurückzuholen.

In dem Zusammenhang fällt mir ein weiteres Ereignis ein: Vor etwa fünf Jahren sprach ich mit einem Freund über unser Gesundheitssystem in Deutschland. Er wies mich darauf hin, dass es mit Gesundheit nichts zu tun habe. Ich war wie vor den Kopf geschlagen. Bis dato war ich fest davon überzeugt, dass wir eines der besten Gesundheitssysteme haben, das im Sinne der Menschen arbeitet. Wenn ich es heute nach Corona betrachte, frage ich mich, wie gerade ich als Krankenschwester nicht eher darauf gekommen bin, dass es nicht in erster Linie darum geht, Menschen zu heilen, sondern möglichst viel Gewinn zu erwirtschaften. Es ist eine Industrie, die an Kranken verdient. Das zu erkennen war ernüchternd für mich.

Wie konnte es dazu kommen? Im Hospiz begegnen mir viele Patienten, die einen langen Krankheitsweg hinter sich haben. Sie nehmen täglich eine Vielzahl von Medikamenten ein, und natürlich gehört auch eine gute Schmerzeinstellung dazu. Die wenigsten interessieren sich für das, was sie da einnehmen. Sie glauben, „es wird schon richtig sein, was der Arzt mir aufgeschrieben hat". Wenn ich ihnen eine Erklärung geben will, winken sie ab, sie möchten das gar nicht erst hören.

Es hat den Anschein, dass wir unsere Selbstverantwortung komplett in andere Hände geben. Das bedeutet wiederum eine Selbstentmachtung. Ich lasse andere über mich und meine Heilung entscheiden. Menschen, die vielleicht gar kein gesteigertes Interesse an meiner Gesundheit haben.

Gesundheit ist eines der höchsten Güter, die wir als Menschen haben. Wir merken das leider erst, wenn etwas nicht normal funktioniert. Wenn wir uns wohl in unserem Körper fühlen, kann unser Geist klar werden. Mit einem klaren

Geist kreiere ich mir die Realität, die ich gerne hätte. Kann es sein, dass wir aus reiner Bequemlichkeit aufgehört haben, uns um unser wichtigstes Vehikel zu kümmern?

Natürlich spielen Werbung, Lobbyismus, Vertreter und Medien eine große Rolle. Sie suggerieren uns, dass sie es sind, die das Allheilmittel in ihren Händen halten, und dass wir ihnen dafür dankbar zu sein haben.

Richten wir den Blick nun erneut nach innen. Wir fassen zusammen, was das, was wir im Außen vorfinden, mit uns zu tun hat: Aufgabe unserer Selbstverantwortung, Entmachtung, Bequemlichkeit und die fehlende Frage: „Was habe ich mit meiner Krankheit und mit meiner Heilung zu tun?"

Seit ein paar Jahren ist mir bewusst geworden, dass ich an vielen Stellen meiner Verantwortung für mich selbst nicht nachgekommen bin. Nicht nur, wenn ich krank war – diesen Punkt beleuchte ich an anderen Stellen. Was Krankheit betrifft, bin ich jemand, der sich grundsätzlich bemüht, zu verstehen, was mir ärztlicherseits angeraten wird. Ich versuche, chemische Mittel so gut es geht zu vermeiden, nehme sie aber, wenn Naturheilmittel keine Wirkung zeigen. Besonders nach der breit angelegten MRNA-Impfkampagne bin ich sehr misstrauisch geworden, da ich gesehen habe, wie mächtig die finanziellen Interessen waren, die dahinterstanden und wie wenig wissenschaftliche Untersuchungen mit einbezogen wurden.

Da ich meine Ausbildung im anthroposophischen Krankenhaus in Herdecke absolvierte, weiß ich um viele alternative Heilmethoden, die gute Wirkung zeigen. Es gibt im Moment als Gegenbewegung zur Pharmalobby zahlreiche neue Heilmethoden, die über viele Jahre unterdrückt und sogar verboten wurden. Zum Beispiel die Pflanze „Artemisia Annua" (Allgemeinen Beifuß), die sich jeder auf einem noch so kleinen Balkon ziehen kann. Sie hat unglaubliche Heilwirkung und kann als Tee genommen werden. Nähere Informationen dazu finden Sie im Internet.

Damit sind wir schon bei den Heilpflanzen angekommen. Wenn uns erst einmal bewusst wird, mit welcher Fülle wir durch Mutter Erde, die für uns sorgt, umgeben sind, können wir neues Vertrauen aufbauen. Ebenso in unsere ureigenen Heilkräfte, die in uns allen verborgen sind. Ich finde, das ist ein wichtiger Aspekt, wenn wir von Heilung sprechen. Heilung liegt nicht außerhalb von uns, sie liegt oft auch nicht in den Händen anderer: Heilung findet IN uns statt!

Im Hospiz erlebe ich regelmäßig, dass es auch Heilung gibt, die nicht bezogen auf unseren Körper ist. Heilung bedeutet für mich auch, in sich und mit sich in Frieden zu kommen. Sich mit vielen und am besten mit all seinen Aspekten in sich zu versöhnen. Ich habe das Wort „versöhnen" an dieser Stelle mit Absicht gewählt, da es eine starke Wirkung in sich trägt: Wir finden darin das Wort „Sohn". Für mich bedeutet das, alles so anzunehmen, als wäre es einer meiner Söhne. Nämlich mit bedingungsloser Liebe.

Kommen wir noch einmal zurück zu den Heilpflanzen. Wenn ich mich mit der Natur wieder mehr verbinde, dann finde ich ihre Frequenzen in mir. Ich trete zurück, würdige und danke, was mir im Außen geboten wird, und mache es mir zu Eigen. Ich komme aus Mutter Erde, bin sie und werde sie, immer wieder aufs Neue. Wenn ich sie außen betrachte, dann spiegelt sie mir nur etwas in mir. Im Moment spiegelt sie uns unsere tiefe Spaltung und die Verletztheit in uns und zu unserer eigenen Natur.

Über die Bewusstmachung, dass ich mein eigener Heiler bin, bin ich im Umkehrschluss auch der Verursacher meiner Krankheit. Ich weiß, dass niemand, der krank ist, so etwas gerne hört. Wir verlagern die Ursachen lieber nach außen:

Umweltverschmutzung, Corona, Vitamin D-Mangel etc. Aber es ist eine der essentiellen Fragen, wenn es um Heilung geht: Was habe ich mit meiner Krankheit zu tun?

Bei dieser Frage geht es nicht um Schuldzuweisung, sondern um Ursachenforschung. Bekommen wir heraus, was unseren Körper so sehr ins Ungleichgewicht gebracht hat, dass er krank wurde, können wir damit arbeiten. Wir können etwas verändern, damit er zurück ins Gleichgewicht kommt.

Ich habe Klienten, die dieser Frage nachgegangen sind, die ihr Leben grundlegend verändert und später gesagt haben, dass ihre Krankheit der größte Glücksfall ihres Lebens gewesen sei. Auf jeden Fall hole ich mir damit meine Macht zurück und lerne, achtsamer zu sein, wie ich mit mir umgehe und was ich über mich denke.

Kommen wir zur Bequemlichkeit. Ich merke, dieser Punkt trifft bei mir ins Schwarze. Bequemlichkeit, in die Tiefe zu gehen. Wirklich ehrliche Nachforschungen in mir anzustellen, warum mich diese oder jene Krankheit erwischt hat. Man beachte in diesem Zusammenhang die entlarvende Ausdrucksweise: „Die Krankheit hat mich erwischt". Etwas ist von außen gekommen und hat mich angefallen. Ich hoffe, am Ende dieses Kapitels ist klar geworden, dass es auch anders sein kann.

Auch was meine Ernährung angeht, ist noch viel Veränderungspotential vorhanden. Wie oft habe ich keine Lust, für mich allein gesund zu kochen und esse stattdessen nur ein ungesundes Brötchen. Inwieweit sorge ich für mich für eine ausgewogene Lebensweise? Wo kümmere ich mich, um wirkliche Freude zu erleben?

Zu guter Letzt frage ich mich, wie es sein kann, dass uns ein groß angelegter Industriekomplex weltweit so manipulieren konnte, und es ihm möglich ist, in einem nie gekannten Ausmaß immense Profite abzugreifen? Auch das kann durchaus etwas mit mir zu tun haben.

Was Profitgier bzw. Maßlosigkeit mit mir zu tun hat, werde ich noch einmal in einem gesonderten Kapitel bearbeiten. Aber wie kann es geschehen, dass so unterschwellig Macht über mich ergriffen wird? Wenn ich meine Struktur betrachte, sind da wieder viele Teile in mir, die gegenseitig in Konkurrenz treten. Welche Teile sind die machtvolleren? Die Selbstverantwortung oder die Bequemlichkeit? Die Ehrlichkeit mit und vor mir oder meine Seiten, mit denen ich mir etwas vorgaukle oder mir etwas in die Tasche lüge? Wer führt wen in mir? Welchem Teil gebe ich die Macht? Auch an dieser Stelle ist immer wiederkehrende Achtsamkeit gefragt, denn die nicht förderlichen Teile sind subversiv und geben sich oft nicht freiwillig zu erkennen. Ich möchte sie demnächst schon im Vorfeld identifizieren, sie willkommen heißen und dann ändern. Ehe sie zu einer Krankheit werden.

Maßlosigkeit

Vor einiger Zeit bekam einer meiner Söhne bei seinem Job eine Aufstiegsmöglichkeit: Mehr Verantwortung, verbunden mit einem höheren Gehalt. Nach reiflicher Überlegung lehnte er ab und begründete das damit, Teil einer gut kooperierenden Gruppe zu sein, einen ihn wertschätzenden Chef zu haben und über genügend Geld zu verfügen, um davon gut leben zu können. Interessant, dachte ich, das ist so ganz anders als ich und meine Generation ticken. Für mich bedeutete das Leben stets ein nicht endendes Fortschreiten, nach dem Motto: „Höher, schneller, weiter." Offensichtlich weiß mein Sohn, wann es für ihn genug ist.

Letzten Sonntag verbrachte ich mit unserem afrikanischen Freund einen entspannten Tag an einem Traumstrand in der Nähe von Serekunda in Gambia. Nachmittags füllte sich der Strand mit Einheimischen. Viele Jungen, die Fußball am Strand spielten, schick gekleidete junge afrikanische Frauen, die mit ihren Freunden ausgingen. Es herrschte eine fröhliche, ausgelassene, unbeschwerte Stimmung.

Auf dem Rückweg fragte ich unseren Freund, der mit einer Holländerin verheiratet ist, wer glücklicher sei: Die Menschen hier in Afrika oder in Westeuropa. „Ganz klar hier", sagte er und begründete das wie folgt: „Hier arbeitet man so lange, bis man genug zum Leben hat. Dann hört man auf und verbringt den Rest der Zeit mit schönen Dingen. Schau Dich mal um, überall sitzen die Menschen in Grüppchen auf der Straße, unterhalten sich, hören Musik, trinken Grünen Tee und spielen Fußball miteinander. In Holland dagegen ist man nur hinterher, immer mehr anzusammeln oder das, was man hat, zu erhalten und zu verwalten."

Die Menschen in Gambia haben kaum eine Chance, mehr anzusammeln, als das, was sie für das alltägliche Leben brauchen. Die Konsequenz, die daraus folgt: Sobald sie das zusammenhaben, was sie brauchen, ist es ihnen genug.

Wenn ich auf das schaue, was sich in unserer Welt global abspielt, ist das geprägt von Maßlosigkeit. Es wird nicht mehr nach einem Mehrwert geschaut, den man vielleicht zu bieten hat, sondern darauf, wie man den Profit maximieren kann. Dabei gehen viele Menschen über Leichen. Ungeprüfte pharmazeutische Mittel werden auf den Markt geworfen, Kriege werden initiiert, die der Waffenindustrie Milliarden in die Hände spielen.

Territoriale Ansprüche werden mit Gewalt durchgesetzt, weil man hinter Ressourcen her ist. Von der arbeitenden Bevölkerung wird immer mehr Engagement gefordert, so dass der Burnout zu einer gängigen Diagnose geworden ist. Wir beuten die Erde maximal aus, ohne an die künftigen Generationen zu denken. Überall wird mir Maßlosigkeit gespiegelt.

Ist die Verhältnislosigkeit so offensichtlich, dann wird sie sicherlich auch bei mir zu beobachten sein. Ich mache mich auf die Suche nach meinem inneren Kapitalismus und meinem Leistungsanspruch, über den ich bereits in einem anderen Kapitel geschrieben habe. „Wann ist es genug?", ist eine Frage, zu der ich kaum Bezug habe. Ich gehe regelmäßig über meine Kräfte und über meine Freude hinweg.

Maßlosigkeit kenne ich auch, wenn es darum geht, Schnäppchen zu machen. Allein die Gelegenheit lässt mich das Maß vergessen; oft kaufe ich Dinge, die ich nicht oder zumindest in dieser Menge nicht benötige. Was ist mit meinem Essverhalten? Hier in Afrika erfahre ich, wie es ist, wenn ich nur zwei Mahlzeiten esse und ich mich nur an meinem Hungergefühl orientiere. Die Menge ist völlig ausreichend, alles, was ich zusätzlich konsumiere – wie Schokolade, Chips und Nüsse – ist nicht mehr nötig. Ich merke, wie viel sich in meinem Kopf abspielt. Entweder sind es Gewohnheiten oder Überzeugungen, dass bestimmte Dinge unbedingt notwendig sind.

Nun gehe ich noch einen Schritt tiefer. Wo ist meine Maßlosigkeit, was die Erwartungen an andere und an mein Leben angeht? Wenn ich ehrlich bin, will ich den ganzen Tag geliebt und wertgeschätzt werden. Bleibt das aus, fühle ich die Wunde aus meiner Kindheit, nicht genügend gesehen worden zu sein. Von Liebe im Außen könnte ich nicht genug bekommen, obwohl ich inzwischen weiß, dass die Dinge so nicht funktionieren. Nichts im Außen kann mir diesen Mangel nehmen. Einzig und allein ICH muss mir die Liebe und Wertschätzung geben, die ich mir immer gewünscht habe. Trotz dieser Einsicht spüre ich immer noch die Hoffnung und die Erwartung, sie von meinen Mitmenschen zu erhalten.

Maßlosigkeit finde ich aber auch in Ansprüchen an mich. Ich bin mir nie genug. Das hat zur Folge, dass ich streng, beinahe gnadenlos mit mir umgehen kann. Manchmal wäre es schön, wenn es mir gelänge, mich selbst in den Arm zu nehmen, um mich um meine inneren Kinder zu kümmern, als wären es meine eigenen Söhne.

Ich nehme mir vor, mich an der Frage zu orientieren: „Wann ist es mir genug?" Das wird Entspannung in mein Leben bringen, Gelassenheit und Freude. Beim Bestreben, für meine innere Freude zu sorgen, bleibe ich gerne maßlos.

Mein innerer Kapitalismus

Eine große Entdeckung in mir war etwas, das ich schon in jungen Jahren für nicht gut geheißen habe.

Mit 19 Jahren entschied ich, ein halbes soziales Jahr in Brasilien zu verbringen. Es war 1983, eine Zeit, in der in Brasilien eine sehr hohe Inflation herrschte. Ich war in einer Entbindungsklinik für sozialschwache Frauen beschäftigt, an die ein Frauenhaus angeschlossen war als Unterkunftsmöglichkeit für Mütter, die kein Zuhause hatten. Ich war zum ersten Mal mit richtiger Armut konfrontiert. Ich sah Müllberge, in denen Babys saßen, die Apfelsinenschalen ablutschten. Ich hatte Babys mit Hungerbäuchen auf dem Arm und half bei Entbindungen von nicht einmal 12 Jahre alten Mädchen mit. Auf der anderen Seite sah ich die schicksten Shoppingcenter, große luxuriöse Villen und Großgrundbesitze, die meine Vorstellungskraft sprengten.

Diese Zeit prägte mich zutiefst und ich fing an, zu hinterfragen, wie es zu diesen gravierenden Unterschieden zwischen Arm und Reich kommen konnte. Wieso konnten so wenige aber in so einem Maße vom Volk profitieren? Die meisten Menschen waren sich ihren Rechten nicht bewusst und auch eine Gewerkschaftsbewegung gab es damals noch nicht. Sobald ein Arbeiter nicht mitmachte, wurde er sofort entlassen.

Kurz um, ich kam mit der Form einer kapitalistischen Gesellschaftsordnung in Berührung, die auf Ausbeutung basierte und den Abstand zwischen Arm und Reich immer größer werden ließ.

Viele Jahre, (ich verbrachte später noch einmal 2 Jahre in den ärmsten Regionen Brasiliens), ließ mich das, was ich dort erlebt und erfahren hatte, nicht in Ruhe. Ich schaute dorthin, auf die Verhältnisse, die sich auf viele andere Länder übertragen ließen.

Nun wurde ich aufgefordert, erst einmal in mir etwas zu verändern, um eine Veränderung dort zu initiieren. Wie sollte das gehen?

Ich übertrug die kapitalistische Wirtschaftsform mit dem Ziel der Leistungs- und Profitmaximierung auf meine ureigene Lebensweise. Und machte dort eine tiefgreifende Entdeckung. Das, was ich aufs Tiefste verurteilt hatte, machte ich mit mir selbst. Mein Leben lang hatte mich mein Leistungsanspruch an mich selbst, aber natürlich damit auch an mein Umfeld voll im Griff. Es gab Zeiten, in denen ich mit Herzklopfen morgens aufwachte, weil ich in Sorge war, meinen mir selbst aufgestellten Aktionsplan nicht zu schaffen. Dieser war auch eigentlich nicht zu schaffen. Denn es war ein endloser Plan. Kaum hatte ich eine Sache abgearbeitet, kam eine neue hinzu. Erreichte ich mein Pensum nicht, ging ich mit einem schlechten Gefühl schlafen. Andere Menschen, die nicht so leistungsfähig waren, sah ich oft vergleichend an und dachte abwertend. Kranksein gab es bei mir nicht und wenn, dann nur mit dem Gefühl, schnell wieder zu etwas nütze zu sein. Ich ging sehr über meine Kräfte und überstrapazierte meinen Körper. Und bei jeder Tätigkeit wurde abgewogen, ob ein Sinn daraus entsprang.

Konnte es sein, dass ich meinen eigenen Kapitalismus lebte? Meinen Wert an meiner Leistung messend? Diese Entdeckung rüttelte mich wach. Wo war die Selbstliebe, die Menschlichkeit, die Ausgewogenheit mit mir? Es schien, dass ich mein Leben auf den maximalen Profit meiner Existenz ausgerichtet hatte. Ich beutete mich selbst aus und richtete dann noch meinen erhöhten Anspruch an mein Umfeld.

Immer wieder erlebe ich das auch an meinen Klienten, dass wir unseren Wert an unserer Leistung messen. Liebe ist unser Geburtsrecht, und sie steht jedem zu, unabhängig von Leistung und irgendeiner gesellschaftlichen Stellung. Unser SEIN ist das, was uns ausmacht. Und stellen wir uns einmal vor, dass wir pure Energie sind, dann wirken wir nur allein durch unser Dasein!

Diese Erkenntnis hat in den letzten Jahren zu mehr Entspannung und Selbstliebe in meinem Leben geführt. Noch muss ich dafür bewusst achtsam sein und mich daran erinnern, dass ich einfach sein darf: Mich zum Beispiel hinzusetzen und einen Tee zu genießen! Oder mir öfters einmal die Frage zu stellen: „Was tut mir heute gut?“ Und letztendlich auch einmal Dinge zu machen, die einfach nur Freude bereiten und nicht immer mit tiefem Sinn erfüllt sind. Heute bin ich fest davon überzeugt, dass auch Spiel und Freude ihre positive Wirkung auf das universelle Energiefeld haben.

Verkäuferin am Strand

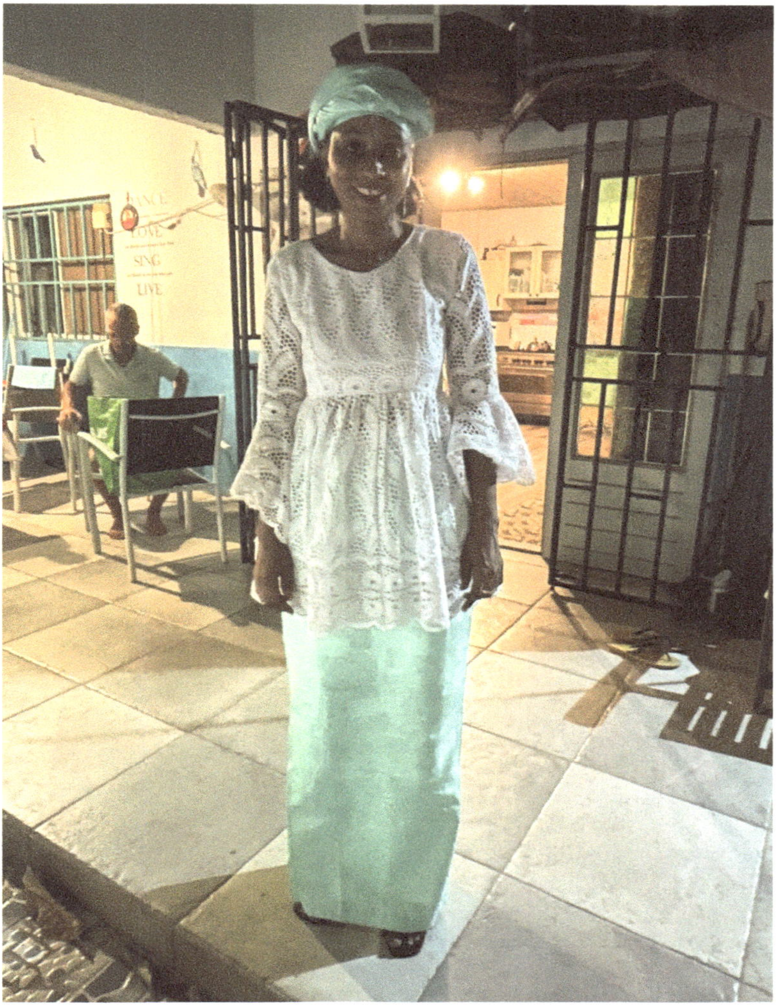

Afrikanerin im Festkleid

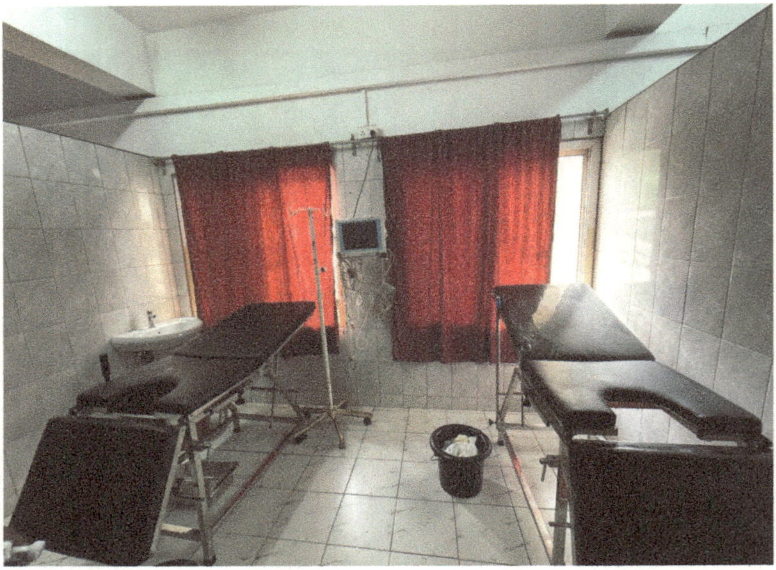

Kreissaal im „General Hospital" in Serrekunda/Gambia

Personentransport in Gambia

„Recycling“

Gambia Fluss

Gambia Fluss

Straßenszenen in Serrekunda

Übliches Eselsgefährt

Fischerboot

Haus hinter hohen Mauern

Typisches Essen in Gambia

Ernährung

Ein weit verbreitetes Getränk ist in Gambia der sogenannte Green Tea. Es handelt sich dabei um konzentrierten grünen Tee, der über einem kleinen Gaskocher gebraut wird. Dazu wird eine Menge Zucker gemischt, der sich beim Hin- und Herschütten von einem Gefäß ins andere langsam auflöst. Das Ganze ist ein Ritual und besonders die Männer, die an den Straßenecken unter Bäumen zusammensitzen, konsumieren ihn. Darüber hinaus wird auch durch Softdrinks viel Zucker konsumiert. Beim gambischen Essen fällt uns auf, dass es vorwiegend aus Reis, Sauce und ein paar Fleischbröckchen besteht. Gemüse gehöre nicht zu den üblicherweise verarbeiteten Lebensmitteln, erklärte uns unser Freund.

Während unseres Aufenthaltes erleben wir viele ernsthaft erkrankte Menschen, die noch nicht alt sind. Die meisten leiden unter Bluthochdruck oder zu hohen Zuckerwerten, was unentdeckt bleibt, weil das hiesige Gesundheitssystem keine Vorsorgeuntersuchungen vorsieht.

In diesem Zusammenhang denke ich darüber nach, inwieweit ich gut für meinen Körper sorge. Immerhin ist es mein Vehikel, das mir in diesem Leben zur Verfügung steht, um Entwicklungen zu vollziehen. Gesundheit ist ein hohes Gut, aber das merke ich leider immer erst, wenn etwas mal nicht so funktioniert, wie ich es gewohnt bin.

In unserer westlich geprägten Welt haben wir so viele Verführungen, dass wir darüber leicht eine gute Ernährung vergessen. Schnell ein Stück Schokolade naschen oder eine Pizza in den Ofen schieben. Oder statt zu kochen lieber ein ungesundes Weißmehlbrötchen essen. Viel zu selten esse ich ein Gericht, das zu Dreivierteln aus frischem Gemüse besteht. Was die Getränke angeht, bin ich konsequent, aber ich weiß, dass auch in unserer Gesellschaft viel zu viel Zucker in flüssiger Form konsumiert wird.

Ein weiterer Punkt ist, dass unsere Nahrungsmittel immer mehr an Nährwert verlieren. Die Böden sind durch Intensivlandwirtschaft ausgelaugt, Düngemittel und Pestizide tun das ihrige dazu. Die Luftverschmutzung kann man nicht einmal bei Bioprodukten ausschließen.

Warum fällt es uns so schwer, für unsere Gesundheit zu sorgen? Warum begegnen wir unserem Körper mit so wenig Respekt und Dankbarkeit? Wieso handeln wir täglich nicht in unserem Sinne, sondern gegen uns? Erschwerend kommt hinzu, dass wir oft aus einem Mangelgefühl zu schnell oder über unseren eigentlichen Hunger hinaus essen.

Anscheinend ist uns das instinktive Gefühl, gesund zu essen, abhanden gekommen. Bei mir merke ich oft, dass da ein Programm, eine Gewohnheit abläuft. Nachmittags brauche ich Schokolade. Das entsteht in meinem Kopf, und der Drang nach Befriedigung ist groß. Das gleiche passiert abends oft mit der Idee, Chips oder Salzmandeln zu mir zu nehmen. Halte ich vorher inne, dann ist da gar kein Hunger, aber ich esse sie trotzdem.

Die Frage lautet wieder: Wer führt hier wen? Wo ist Bewusstheit in dem, was ich tue und inwieweit ist im Vorfeld eine wirkliche Entscheidung von mir getroffen worden, etwas zu verändern?

Hier in Gambia, wo ich mich in einer vollkommen anderen Umgebung befinde, fällt es mir leicht, auf meinen Körper zu hören. Zucker braucht er im Moment nicht, mir reichen zwei Mahlzeiten am Tag vollkommen aus. Es ist eine neue Erfahrung für mich, dass es wirklich nur mit dem Essentiellen geht, und es fühlt sich gut an.

Ich möchte das Thema Ernährung jedoch noch weiter fassen. Wir geben ja nicht nur unserem Körper Nahrung, sondern auch unserem Geist. An dieser Stelle kann ich überprüfen, womit ich meinen Geist tagtäglich füttere. Tut es mir gut, wenn ich die ganze Zeit schlechte Nachrichten aus der Welt höre? Was hat das für einen Effekt auf mich? Inwieweit bestimmt das meine Gedanken? Oder lenke ich mich ab mit Klatschgeschichten über Menschen, die ich nicht einmal kenne?

An welcher Stelle setze ich meine kostbare Lebenszeit ein, mich breit und sachlich zu informieren, um mir ein Bild machen zu können, von dem, was momentan auf der Welt abläuft? Und inwieweit kann ich die heutigen Medien nutzen, um meinen Wissenshorizont zu erweitern? Es gibt im Internet viele kostbare Informationen über gesunde Ernährung und alternative Medikamente und Heilweisen. Die Frage, die mich demnächst aussuchen lässt, sollte sein: Wo steckt Mehrwert?

Dabei dürfen wir den Umstand, dass unsere Gedanken unsere Realität erzeugen, nicht außer Acht lassen. Was erzeuge ich, wenn ich immer negativ denke? Was erzeugen wir im Kollektiv, wenn unsere Gedanken, die zudem noch medial aufgeheizt werden, von Angst durchsetzt sind?

Gewohnheiten

Als Baby und Kleinkind haben wir keine andere Orientierung als die an unseren Eltern oder anderen nahestehenden Menschen (wie zum Beispiel den Großeltern). Da wir existentiell von ihnen abhängig sind, richten wir uns nach den Erwartungen unseres Umfelds. In jungem Alter sind wir noch nicht in der Lage, zu erkennen, dass unsere Eltern auch anders sein können. Wut gegen sie zu entwickeln und zu äußern, war noch nicht möglich, denn ein Kleinkind kann noch nicht differenzieren, dass es sich andere Verhaltensweisen seitens der Eltern wünscht. Aus diesen Erlebnissen schließt ein Kind, das nicht beachtet wurde, dass es gar nicht richtig existiert, unerwünscht ist oder stört. Das kann eine der ersten Prägungen sein.

Entfremdung unseres Selbst fängt da an, wo wir nicht mehr nach uns schauen, sondern wie wir unsere Nächsten möglichst zufrieden stimmen. Je nachdem, was von uns Kindern gefordert wird, entstehen weitere Prägungen. Es sind Schlüsse, die wir aus dem zwischenmenschlichen Verhalten ziehen. Gehe ich in die Anpassung oder besser in die Rebellion? Oder resigniere ich und ziehe mich in mich selbst zurück?

Aus diesen Prägungen werden mit der Zeit Gewohnheiten. Sie spielen sich unterbewusst ab. Warum das so ist, habe ich in den vorherigen Kapiteln erklärt. Gewohnheiten erleichtern uns zwar unser Leben, da wir dazu nicht mehr jede Aktion überdenken müssen; auf der anderen Seite lassen sie nichts Neues zu. Unser Verhalten erscheint wie vorbestimmt, wie programmiert. Das Programm, das in unserer Kindheit geschrieben wurde, liegt auf unserer Festplatte und spult sich immer wieder von neuem ab.

Gewohnheiten liegen bestimmte Gedankenmuster zugrunde. Wie ich im Kapitel „Kausales Prinzip" erörtert habe, bestimmen unsere Gedanken unser Leben. So wiederholen sich immer wieder von neuem die Ereignisse in unserem Leben, verknüpft mit den sich immer wiederholenden Emotionen. Mit der Zeit beginnt unser Leben fade zu werden, viele Menschen sehen darin keinen Sinn und werden depressiv.

Um also grundsätzlich etwas in seinem Leben verändern zu wollen – und damit auch einen Teil im Außen – ist es erforderlich, seine Gewohnheiten zu untersuchen. Wie heißen bestimmte Verhaltensabläufe? Welcher Gedanke steckt dahinter? Wann ist diese Gewohnheit angesprungen? Welches Verhalten wird dadurch hervorgerufen und zu welchem Zweck? Hat das seinen Zweck erfüllt und was ist als Ergebnis herausgekommen?

Nach dieser Überprüfung kommt das Entscheidende: Wie möchte ich in Zukunft handeln? In was möchte ich diese meine Gewohnheit wandeln? Wie sähe eine neue Haltung aus, die ich zukünftig einnehmen möchte? Es hilft, sich einmal in Ruhe hinzusetzen, diese Fragen durchzugehen und sie schriftlich zu beantworten. Dabei gehe ich auch in mein Gefühl. Es ist interessant, die Motivation herauszufinden, die mich immer wieder so handeln lässt. Denn Gewohnheiten sind zweckbestimmt, oft entspringen sie aus gewohnheitsmäßigem Mangeldenken und niedrigem Selbstwertgefühl. Wenn es uns gelingt, sie zu wandeln, arbeiten wir gleichzeitig an unserem Selbstwert und an unserer Selbstliebe.

Das wird sich sehr positiv auf unser Leben auswirken. Zwar kostet es Kraft und Bewusstheit, da sich unser altes System zunächst dem Neuen widersetzt, aber dafür werden wir durch neue, gute Erfahrungen belohnt.

Bequemlichkeit

Gestern war es hier so heiß, dass sich sogar die Einheimischen beschwerten. Abends kühlt es sich hier in Gambia kaum ab, und da sich die Wohnung zusätzlich über den Tag aufheizt, bleibt die einzige Hoffnung, schlafen zu können, der Ventilator. Schon auf dem Weg zurück zu unserer Wohnung merkten wir, dass der Strom mal wieder ausgefallen ist – womit diese Hoffnung im Nirwana verschwand.

Hier in Gambia muss ich oft an den Spruch denken: „Es gibt Dinge, die ich ändern kann. Es gibt Dinge, die ich nicht ändern kann. Lieber Gott, bitte gib mir die Weisheit, das eine vom anderen zu unterscheiden." Nun, am Blackout kann ich tatsächlich wirklich nichts ändern. Es ist einzig und allein meine Einstellung, es hinzunehmen, ohne zu hadern. Mit den letzten Tropfen, die aus der Dusche kamen, erfrischte ich meinen Körper, legte mich auf mein Laken und versuchte, zu schlafen.

Keine Chance. Die Hitze, das Schwitzen, die Schwüle in meinem Zimmer – ich bin die ganze Zeit damit beschäftigt, mich auszuhalten. Wie sehr sehne ich mich nach meinem Bett in Deutschland, nach der Kühle, nach meiner Sauberkeit. Inbrünstig bitte ich, dass der Strom wiederkommt. Mein ganzes Sein will Bequemlichkeit und weigert sich, diesen Zustand anzunehmen. Irgendwann gelingt es mir, zumindest ein wenig Abstand zu bekommen und mich zu beobachten. Es ist interessant, wie stark dieses Verlangen nach Bequemlichkeit ist und wie hoch meine Abwehr, mich der Unbequemlichkeit hinzugeben, sie zu akzeptieren. Mein Drang, wieder einen Wohlfühlbereich herzustellen, ist so stark, dass er mich die halbe Nacht rotieren lässt.

Morgens frage ich mich, wie stark eigentlich mein Wille ist, meine Bequemlichkeit zugunsten einer Veränderung unseres Weltengefüges aufzugeben. Tatsache ist, dass wir im Westen über die Verhältnisse leben, die uns Mutter Erde zugestanden hat. Wir verprassen die Ressourcen, als stünden sie uns unendlich zur Verfügung, wir verdrecken und zerstören unsere Umwelt. Wir verdrängen die Natur, die zu unserem Sein den Ausgleich darstellen sollte. Was ist mein Beitrag dazu, diese Ausbeutung zu stoppen? Was von meiner Bequemlichkeit gebe ich dafür auf?

‚An dieser Stelle wird es unbequem, Anke,' denke ich. Ich fahre schon fast überall, wo ich gut hinkomme, mit dem Fahrrad und meide das Auto. Ich esse kaum noch Fisch und Fleisch. Ich versuche, so gut es geht, Bioprodukte zu essen, Müll zu trennen etc. Aber das alles findet in meinem Wohlfühlbereich statt. Was ist mit Verzicht auf eine Sache, die mir wichtig ist? Zum Beispiel Reisen. Freiwillig. Mit anderen Worten: Aus meinem freien Willen heraus.

Jetzt fängt es an, wirklich wehzutun. Tief in meinem Innern spüre ich wieder diesen Widerstand. Nein, bitte nicht das. Das macht mir immer so viel Freude, das gehört zu meinem Leben. An dieser Stelle kommen all die ganzen Rechtfertigungen, die die Dinge relativieren sollen: Ich mache doch oft Urlaub in Holland, und zwar mit einem Camper in der Natur, mit dem Minimum, das wir verbrauchen. Oder: Eigentlich dient diese Reise nach Gambia der Völkerverständigung. Oder auch: Ich mache doch keine Kreuzfahrt oder bin im Fünf-Sterne-Hotel und lasse mich mit Luxus überhäufen. Ich merke, wie all diese Argumente dazu dienen, mein geliebtes Spielzeug bloß nicht abgeben zu müssen.

Auf der anderen Seite erinnere ich mich an den Lockdown während Corona 2020. Statt nach Kroatien zu fahren, waren wir gezwungen, zu Hause zu bleiben. Ich verbrachte den Urlaub bei meinem Freund in der Eifel. Wir machten Radtouren durch blühende Frühlingslandschaften, saßen an den wunderschönen Vulkanseen und lagen auf einer Decke in seinem Garten und schauten in den Himmel. Ich erinnere mich an Schilderungen, wie auf einmal Fische und Delfine in Venedig wieder auftauchten. Der Himmel war freier, die Luft reiner. Es hatte den Anschein, dass die Natur die Möglichkeit bekam, ein wenig durchzuatmen.

Was bin ich bereit zu tun, dass das so bleibt? Wann bin ich bereit, meinen Wohlfühlbereich zu verlassen? Wie Goethe schon so schön formulierte: ‚Zwei Seelen wohnen, ach, in meiner Brust.' Die eine kämpft mit der anderen. Welche gewinnt? Wer führt hier wen? Das sind Fragen, die ich mir stelle. Damit schließt sich der Kreis. Den Strom kann ich in Gambia nicht anstellen, aber meine Einstellung dazu kann ich ändern. Diese Erfahrung habe ich gestern Nacht machen dürfen: Solange sich alles gut anfühlt, bekomme ich gar nicht mit, wie beschenkt ich bin. Doch sobald es unbequem wird, gehe ich in Widerstand.

Eine Zeit lang habe ich an Vipassana Kursen teilgenommen. Man sitzt zehn Tage lang rund zehn Stunden am Tag und meditiert schweigend. Drei Mal täglich ist man für eine Stunde aufgerufen, still zu sitzen und seine Position nicht zu verändern. Das war eine Herausforderung, an die ich mich noch gut erinnern kann. Eine Stunde Jucken, Krämpfe, Ziehen auszuhalten, ohne einzugreifen. Nur zu beobachten. Tatsache war, dass sich nach einiger Zeit der Widerstand auflöste und damit auch die Schmerzen.

Ich merke, wie sehr es sich lohnt, sich mit seinem Wohlfühlbereich einfach mal auseinanderzusetzen. Wir sind ständig darauf aus, ihn herzustellen. Das wiederum ruft aber auch eine untergründige Angst in uns hervor, dass wir ihn irgendwann verlieren könnten. Wieviel Energie verwenden wir täglich darauf, Komfort für uns zu sichern? Basiert darauf nicht auch unser übertriebenes Konsumverhalten, was wiederum unsere Erde zerstört? Vielleicht auch unsere Gier?

Wie wäre es, wenn ich mich öffnen würde für jegliche Art von Erfahrung? Sowohl für die mir angenehmen als auch für die unangenehmen? Wir möchten immer nur die guten, aber letztendlich wachsen und reifen wir gerade durch unsere schwierigen Herausforderungen. Sie fordern uns heraus und rufen Fragen in uns auf. Sie fordern Veränderung, Wandlung und erzeugen Bewegung in uns. Sie erweitern unser Spektrum, unseren Erfahrungsschatz. Gehen wir bewusst mit ihnen um, erreichen wir mehr und mehr Selbstvertrauen und wecken damit auch die Kräfte, die uns ständig umgeben und unterstützen. Sie zeigen uns, dass unser Potenzial in uns liegt, unabhängig von dem, was sich gerade im Außen abspielt.

Einer meiner Söhne ist Surfer. Ich hatte schon öfters die Gelegenheit, ihn dabei zu beobachten. Wie er darauf lauert, den richtigen Augenblick zu erwischen, mit der Welle zu reiten und die Energie des Meeres zu nutzen. Das erzeugt, so hat er mir gesagt, maximale Lebensfreude. Ich nehme mir vor, etwas Vergleichbares mit meinen Unannehmlichkeiten auszuprobieren. Und bin neugierig, wie sich diese Herausforderung anfühlt.

Wundheilung

Kommen wir nun zu der Frage, was wir machen können, wenn wir merken, dass wir auf das, was uns das Außen zeigt, stark reagieren. Wir könnten es auch anders benennen: Wenn sich ein Drama entfaltet.

Ich erinnere mich an ein Beispiel, das schon lange zurück liegt, aber aufgrund der starken Emotionen, die damals bei mir aufstiegen, bleibt mir dieses Ereignis unvergesslich: Ich war mit meinen drei Kindern allein, kurz nach der Trennung von meinem Mann war mein innerer Schmerz groß. Mein größter Wunsch war, ein Familiengefühl wiederherzustellen. Nun hatte ich einen Freund, mit dem ich gerne die Wochenenden mit den Kindern verbracht hätte. Er lehnte das regelmäßig ab, da er lieber für sich bleiben wollte. Er benötige Ruhe und wolle keinen Stress. Ich wurde daraufhin wütend auf ihn und empfand ihn als egoistisch. Wie kann man nur so an sich selbst denken? Diese Frage bewegte mich und ließ meine Emotionen hochkochen. Ich fühlte mich verletzt, nicht gesehen, nicht wertgeschätzt.

Mit diesen Gefühlen ging ich nach einer Weile in mich und machte damals die Überprüfung mit den vier Fragen von ‚The Work' nach Byron Katie. Ich merkte, dass meine Wunde durch sein Verhalten berührt wurde, nicht genügend gesehen und wertgeschätzt worden zu sein. Außerdem gab es bei uns zu Hause ein unausgesprochenes Gesetz: Wir durften auf keinen Fall egoistisch sein, wir hatten erst einmal an unsere Mitmenschen zu denken.

Schauen wir uns Schritt für Schritt an, was da passierte: Zunächst einmal legte mein Freund mit seiner Ablehnung seinen Finger direkt in meine Wunde. Alte Emotionen, wie: Keiner sorgt für mich, ich bin allein, ich bin nichts wert, ich störe, wurden ausgelöst. Die Wut darüber projizierte ich dann auf meinen Freund. Ich gab ihm die Schuld für meine Emotionen, das Resultat war Abwertung ihm gegenüber, Wut und Anklage.

Als ich im Laufe des Prozesses fähig war, diese Gefühle zurückzunehmen, merkte ich, dass eigentlich ich diejenige war, die egoistisch dachte und handelte. Ich wollte unbedingt das Wochenende mit ihm verbringen, um mich und meine Erwartungen zu befriedigen. Ich gönnte ihm nicht sein ruhiges Wochenende.

Die Erkenntnis, dass ich egoistisch bin, erschreckte mich. Ich hatte Egoismus, der bei uns in der Ursprungsfamilie keinen Platz haben durfte, in meinen Schatten, in einen meiner versteckten Räume gedrängt. Dort führte er ein Eigenleben und kam durch die Hintertür zum Vorschein.

Was machte ich nun mit meiner Wunde? Ich nahm mir Raum für mich, setzte mich hin und fühlte den ganzen Schmerz in mir. Ich lokalisierte ihn in meinem Körper. Ich beobachtete die Impulse, die dabei entstanden. Impulse sind das, was uns davon abhalten soll, diese unangenehmen Gefühle weiter zu fühlen. Es geht darum, sie nur zu bemerken, ihnen aber nicht nachzugeben. Das Wort Emotion drückt unter anderem aus, dass Gefühle in Bewegung sind. Deshalb ändert sich mein Schmerz, wird vielleicht zu Wut, zu Resignation, zu Erstarrung. Alles will gefühlt werden, bis zum Ende.

Wenn wir diesen Prozess durchmachen, werden wir beobachten, dass da immer wieder etwas ist, das den Prozess unterbrechen möchte. Das ist unser Ego. Es hat damals beschlossen, uns vor den unangenehmen Gefühlen, vor dem Schmerz zu beschützen. Nie wieder sollen wir das fühlen. Deshalb wurden diese Gefühle abgespalten. (Siehe Kapitel: Abspaltung und Trauma.)

Das war früher, in der Situation als Kind, als wir existentiell abhängig waren, eine Überlebensstrategie. Als Erwachsene können wir uns diesen Emotionen stellen, ja sollten wir, denn dadurch werden uns Gefühle wieder zur Verfügung stehen, zu denen wir keinen Zugang mehr hatten. Wir werden wieder vollständig. Und zwar im Wortsinn: Vollständig – wir können wieder voll im Leben stehen. Das ist die gute Botschaft.

Vorher müssen wir uns allerdings noch einmal diesem Schmerz und der Wut aussetzen. Das müssen wir bewusst tun, und zwar mit einer Entscheidung. Das erfordert auch Mut. Denn unser Ego wird uns zusätzlich signalisieren, dass es gefährlich ist, sich diesen Dingen zu ergeben. Mir hat dieser Satz innerhalb des Prozesses immer geholfen: An einem bestimmten Punkt habe ich innerlich gesagt: Ich ergebe mich. Dein Wille geschehe. Das war der Schlüssel, danach löste sich alles auf und innerer Frieden kehrte ein.

Spaltung und Trauma

In den vergangenen Jahren ist mir extrem aufgefallen, wie sehr sich unsere Gesellschaft spaltet. Von einem Tag auf den anderen teilten sich die Menschen - man könnte schon sagen ‚weltweit' - in zwei Lager: Die einen gehörten zu den Befürwortern der Corona-Maßnahmen, die anderen zu den Coronaleugnern und Schwurblern. Es wurde nicht mehr hingehört, differenzierte Auseinandersetzungen blieben aus. Ein ähnliches Bild ergab sich, als ein Serum zur Verfügung stand. Nun lautete der Kampf Impfbefürworter versus Impfgegner.

Danach gab es Putin-Gegner und Putin-Versteher, es geht weiter mit Pro-Israelis und Antisemiten, Klimaaktivisten versus Klimawandel-Leugner. Es wird von allen Seiten so viel gehetzt, dass es kaum noch möglich ist, sich gemeinsam an einen Tisch zu setzen, um sich argumentativ austauschen und eine gemeinsam akzeptierte Lösung finden zu können.

Was ist das, was da kollektiv so vehement zum Vorschein kommt? Und worin liegt die Ursache? Da wir alle die Gesellschaft bilden, wird die Ursache in uns liegen. Wenn wir uns mit Trauma beschäftigen, haben wir es immer mit Spaltung zu tun. Sie ist ein uns nicht bewusster Vorgang in unserer Psyche, der stattfindet, wenn wir Unerträgliches erleben. Der Schmerz, die Enttäuschung, Verzweiflung und all die Gefühle, die bei dem Trauma entstanden sind, werden in uns eingelagert.

Ich vergleiche unsere Psyche immer mit einem riesigen Schloss mit tausend Zimmern. Traumatische Gefühle werden in das Zimmer in der allerletzten Ecke eingeschlossen. Wir bauen einen Wall um dieses Zimmer, damit die Emotionen ja nicht herauskommen können. Gleichzeitig wird unser Unterbewusstsein, das auf Selbstschutz ausgelegt ist, jegliche Situation meiden, die diese Gefühlswelt reaktivieren könnte.

Das passiert mit der sogenannten Abwehrspaltung. Sie unterscheidet nur noch zwischen Gut und Böse und wird jegliche Zwischentöne ausblenden. Das bedeutet, dass ich mich selbst, andere und sogar Beziehungen nur noch mit gut und böse beurteile.

Der natürliche Überlebensmechanismus unserer Psyche, mit dem wir unseren Selbstwert zu retten versuchen, verursacht in uns diese Abspaltung bestimmter Gefühle. Kommen wir noch einmal zurück auf das Bild des Schlosses: Eines der Zimmer ist belegt, aber ganz weit weg von mir und barrikadiert. Ich komme an diese Gefühle nicht ohne weiteres dran, und deshalb stehen sie mir nicht zur Verfügung. Allerdings gehört das Zimmer ja immer noch zu mir. Die abgespaltenen Gefühle führen ein Eigenleben. Sie möchten eigentlich befreit werden und ziehen Situationen an, die andeuten, dass etwas in uns verschlossen ist.

Eine Hinwendung zu den unerträglichen Gefühlen bedeutet für uns eine Vervollständigung unseres Selbst. In Fällen von schweren Traumata erfordert das großen Mut, aber auch bei kleineren Traumata müssen wir wirklich gewillt sein, sie uns anzuschauen und durchzufühlen. Wer möchte schon das Gefühl einer Verletzung noch einmal erleben?

So versuchen wie mit allen Mitteln, diese Gefühle von uns fernzuhalten. Das Ausmaß der Verdrängung sehen wir gut im Außen. Unsere gesamte Konsumgesellschaft basiert darauf. Es wird uns versprochen, wenn Du dies oder das kaufst, hast, einnimmst, wirst Du dich glücklich und geliebt fühlen und musst Dich nicht mit Deinem Trauma beschäftigen. Dieser Effekt kann durchaus für einen oder mehrere

Augenblicke eintreten, doch wir wissen alle, dass er in uns keinen nachhaltigen Frieden, keine Erfüllung schafft.

Es ist lediglich eine Anregung zu noch mal und zu noch mehr. Es verursacht die Süchte, die wir alle kennen. Darunter verstehe ich nicht nur Alkohol, Drogen, Essen, Süßigkeiten, etc. sondern auch die Sucht nach Sex, dem Computer und dem Handy. Darüber hinaus kann auch die Erwartung von Liebe im Außen eine Sucht bedeuten.

Wir sehen, dass wir nach Befriedigung von außen verlangen. Ich habe dort selbst lange gesucht und weiß mittlerweile, dass wir sie dort nicht vollständig finden können. Es ist Zeit für die Zuwendung zu uns selbst, um unsere inneren Wunden zu heilen.

Gehen wir tiefer in das Thema Trauma. Experten reden von generationsübergreifenden Traumata. All das, was unsere Vorfahren in den letzten Kriegen erlebten, wurde nie aufgearbeitet. Nach dem Krieg war diese Generation mit dem Überleben und dem Wiederaufbau beschäftigt. Viele haben nie über ihre Erlebnisse im Krieg, über ihre Ängste und ihre Verluste gesprochen. Wenn ich ältere Menschen im Sterben begleite, erzählen mir manche zum ersten Mal davon. Es ist so, als wolle ein während des Lebens angestauter See endlich abfließen. Andere Menschen retten sich ins Vergessen und werden dement.

Als folgende Generationen haben wir das veränderte, verschlossene Verhalten unserer Eltern erlebt und vielleicht nie einordnen können. So nehmen wir veränderte Verhaltensweisen an, die wir weitergeben. Auch wenn die Meisten in ihrer Kindheit keine furchtbaren Erfahrungen wie Missbrauch oder Gewalt mitmachen mussten, tragen viele Verletzungen in sich. Ich bin zum Beispiel als Baby nach dem damals üblich propagierten Vier-Stunden-Rhythmus großgezogen worden. Das bedeutete, dass sich die Kinder nur alle vier Stunden melden durften. Hatte ein Baby zwischendurch ein Bedürfnis, wurde darauf nicht eingegangen, da es sonst manipuliere.

Ein Baby kann das nicht einordnen. Es merkt, dass seine Wünsche nach Essen, Nähe und Sauberkeit nicht befriedigt werden und weiß nicht warum. Es kommt in einen existentiell bedrohlichen Zustand, damit einher geht eine maximale Erregung seines autonomen Nervensystems, das sich unbewusst um sein Überleben kümmert.

Tritt dieser Zustand häufiger auf, sendet das autonome Nervensystem dauerhaft Signale von Unsicherheit und Vertrauensverlust. Diese Anspannung kann Menschen ihr ganzes Leben begleiten, weil das Urvertrauen verloren gegangen ist.

Wie oben beschrieben, melden sich ständig unsere ungesehenen Kinderanteile durch die Hintertür. Teile von mir schreien bis heute nach Wertschätzung und Liebe. Erweitere ich meinen Blick, begegnen mir viele nicht gereifte Kindheitsanteile. Wo sind noch erfüllte, in sich ruhende, weise, freud- und lustvolle Menschen zu sehen? Das Straßenbild zeigt eher in sich verschlossene, auf Medien bezogene, gefühlsarme Menschen. Dabei täte ein offener Blick, ein Lächeln, das wir dem Gegenüber schenken, seine sofortige Wirkung.

Traumaarbeit ist nicht so einfach zu bewältigen. Ich empfehle, sich bei Bedarf Hilfe zu suchen. Es kann hilfreich sein, jemanden dabei zu haben, der einen führt und einem beiseite steht. Es geht darum, den Schmerz, dem man immer ausgewichen ist, noch einmal durchzufühlen. Haben wir uns tief darauf eingelassen, werden wir die Erfahrung machen, dass der Schmerz nachlässt und einem friedlichen Gefühl weicht.

Handelt es sich um schwerwiegendere Traumata, ist unbedingt anzuraten, sie mit Fachleuten anzugehen. Manchmal kann es sogar hilfreich sein, nicht an dem früher Erlebten zu rütteln, um eine Retraumatisierung zu vermeiden.

Meiner Meinung nach geht es in unserem Leben in erster Linie darum, all die verschlossenen Räume in uns aufzuschließen. Und wer weiß, vielleicht handelt es sich ja auch um Räume, die bei unserer Geburt bereits aus einem Vorleben gefüllt waren.

Wir können entdecken, was wir über all die Jahre in uns verschlossen hatten. Wir können die verlorenen Anteile in uns integrieren. So werden wir Schritt für Schritt vollständig und wieder wir selbst. Die Entfremdung hört damit auf. Wir werden wieder zu dem, was wir eigentlich sind und hier auf Erden sein sollten: Nicht mit einem Gehirn ausgestattete Materie, sondern gestalterische, menschliche, gemeinschaftliche Wesen.

Am Schluss dieses Kapitels möchte ich noch eine für mich tiefgreifende Erfahrung mit Ihnen, liebe Leserin, lieber Leser teilen. Neulich sagte sich eine mir sehr liebgewonnene Freundin von mir los. Es waren verschiedene Meinungen über Corona, die sie zu diesem Entschluss brachte. Der Gang der Dinge machte mich traurig. Nachdem ich den Verlust beweint hatte, fand ich in mir weiterhin die Liebe, die ich für sie hatte. Mir wurde deutlich, dass ich nicht aufhören muss, sie zu lieben, auch wenn sie mich verlassen hatte. Als ich mir das bewusst gemacht hatte, breitete sich in mir ein immenses Freiheitsgefühl aus. Keiner kann mir vorschreiben, ob ich mich spalte oder liebe. Das entscheide einzig und allein ich.

Kriegsschauplätze

In unserem Urlaub in Gambia im Oktober 2023 erreicht uns per Internet die Nachricht eines weiteren Brandherdes in der Welt: Der lange schwelende Konflikt zwischen Israel und Palästina ist nun eskaliert. Überall in der Welt brodelt es und es entstehen immer mehr Kriege und Gewalt.

1964 geboren, habe ich lange Jahre den Ost-West-Konflikt zwischen den USA und der ehemaligen Sowjetunion mitbekommen. Ich bin damals auf die Straße gegangen und habe gegen die atomare Aufrüstung demonstriert. Wir appellierten damals an die Vernunft der Verantwortlichen.

Nun, circa 40 Jahre später, stehen wir vor einer totalen Eskalation. Die Waffenproduktion läuft auf Hochtouren, Deutschland liefert dabei Waffen und stellt Munitionswerkzeug zur Verfügung, Menschen werden zum Kämpfen abgezogen und ganze Teile von florierenden Ländern werden zerstört. Viele Milliarden, die wir in Bildung, Gesundheit und zur Bekämpfung des Hungers in der Welt investieren könnten, werden verschleudert. Ich stelle mir Eltern vor, besonders Mütter, die ihre Söhne in den Krieg ziehen lassen müssen, mit dem hohen Risiko, sie nicht wiederzusehen. All die Mühen, die Sorgen, die Gedanken, die wir in unsere Kinder investiert haben, sind mit einem Federstrich weggewischt. Die Zukunft unserer Welt.

Und nun kommt wieder ein Krieg hinzu. Ich könnte weinen. Was hat das mit mir zu tun, die ihr Leben lang engagierte Pazifistin war? Wo herrscht in mir Krieg? Wo gehe ich gewalttätig mit mir um? Und wo bin ich gewalttätig mit meinen Mitmenschen? Krieg beruht auf Spaltung. Zwei oder mehrere Parteien sind sich uneins, jede beharrt darauf, im Recht zu sein und will sich durchsetzen. Wenn das nicht friedlich geht, dann mit Gewalt. Und noch ein Aspekt. Eine Partei will beherrschen und die andere einnehmen.

Ich gehe auf die innere Suche und werde schnell fündig. Ich merke, wie gespalten ich bin. Es gibt dauernd Teile, die etwas möchten, die etwas tun wollen, das mir guttut. Dann gibt es Teile in mir, die permanent versuchen, mir das auszureden. Nein, das kannst und darfst Du Dir nicht leisten, oder dafür ist keine Zeit und kein Raum, oder das ist nicht erlaubt. Je tiefer ich in die Untersuchung gehe, desto stärker spüre ich meinen inneren Kritiker. Ein komplettes Netz von Eigenbeurteilungen überzieht mein gesamtes Denken und bestimmt dadurch mein Handeln. Sie bekämpfen sich und in den meisten Fällen siegt meine Strenge.

Was mache ich da mit mir? Auch Unfähigkeiten und Themen in mir, die ich meinte, längst überwunden zu haben, werden gnadenlos angegangen. Da ist von Mitgefühl nichts zu spüren. Das soll verschwinden, weg damit. Mit viel Druck und Aktivität versuche ich, die Dinge aus mir heraus zu jagen, was keine Lösung und nicht von Dauer ist.

Wie sieht es aus, wenn ich mit mir selbst spreche? Gerade eben hatte ich eine Begegnung mit mir. Morgens merkte ich, dass ich das Ladegerät meines Fotoapparats in Deutschland vergessen hatte. Mein innerer Kommentar: Wie kann man nur so blöd sein. Statt zu würdigen, an was ich alles für den Urlaub gedacht habe und mir mit Mitgefühl zu begegnen, verpasse ich mir eine mentale Ohrfeige und werte mich generell ab. Es fällt mir zunehmend auf, wie streng ich mit mir umgehe.

Damit ist es aber noch nicht getan. Wie gehe ich mit anderen um? Sobald etwas nicht in mein Bewertungsschema passt, bin ich schnell in der Abwertung. Der innere Satz, „das geht ja gar nicht", taucht bei mir immer häufiger auf, wenn ich unsere Politiker handeln sehe. Wenn ich meine

Gedanken verfolge, bemerke ich dauernde Bewertung. Damit spalte ich mich ab. Hier bin ich, dort ist etwas oder jemand Anderes. Der Inhalt meiner Gedanken ist auch nicht grade liebenswert. Sie sind abwertend und manchmal sogar abscheulich. Als Waffe kann man sie nicht unbedingt bezeichnen, aber die Energie, die darin steckt, hat ähnliche Qualität.

Wie sähe es aus, wenn ich jeden Aspekt, der mir im Außen begegnet, in mich aufnehme und als meinen anerkenne? Denn wir sind ja alles – die gesamte Palette – von Gut bis Böse, von Schön bis Hässlich, wobei das alles immer im Auge des Betrachters liegt. Wenn ich radikal ehrlich mit mir bin, habe ich die Gewaltbereite genauso in mir wie Mutter Theresa.

Schaffe ich Akzeptanz für alle Aspekte, dann schaffe ich Frieden in mir. Dann kann ich all das in mir stehen lassen als Ausdruck des Göttlichen. Es ist dann nur noch interessant. Ohne Bewertung. Wir wissen alle nicht, was dahintersteckt. Ich weiß nur, dass ich mich in mir nach Frieden und Selbstannahme sehne. Nach Einssein mit allen und allem.

Wenn uns das in aller Konsequenz in uns gelingt, wenn wir uns nicht mehr mit unseren inneren Waffen bekämpfen, verändern sich auch die Kriegsschauplätze im Außen. Versöhnung findet erst in uns statt, erst dann kann sie sich außen manifestieren.

Lassen Sie sich doch mal auf die folgende Übung der Selbstbeobachtung ein: Es geht darum, täglich mindestens ein Mal innezuhalten und zu spüren, wie Sie mit sich umgehen. Akzeptieren Sie sich, so wie Sie sind, so wie Sie handeln? Und wenn nicht: Welche innere Bewertung kommt in Ihnen hoch? Benennen sie diese Bewertung und schreiben Sie sie auf. Sie können sie im Nachgang überprüfen und wandeln. Damit haben Sie die Chance, in sich den verurteilten Teil wahrzunehmen und ihm mit Liebe zu begegnen. Füllen Sie ihn mit Liebe auf, denn er ist ein verletzter Teil, der wahrgenommen und integriert werden möchte.

Kritik

Seit langem beobachte ich die Debattenkultur unserer Politiker und auch deren Verhalten, wenn sie kritisiert werden oder sich etwas haben zuschulde kommen lassen. Bei Debatten sitzen viele Damen und Herren im Plenum und schauen auf ihre Handys, laufen herum oder unterhalten sich. Wird die Kritik vehement, fangen sogar manche an, zu brüllen.

Ist manch ein Politiker eines Unrechtes überführt oder verdächtigt, kann er sich entweder an nichts mehr erinnern, oder er tut alles dafür, dass Beweismittel verschwinden. Ich habe das Gefühl, dass es kein Unrechtsbewusstsein mehr gibt und keine Konsequenzen, die aus Fehlentscheidungen resultieren. Das gab es früher öfter, ist aber schon lange Geschichte. Das ist schade, denn diese Menschen haben Vorbildcharakter, die Gesellschaft orientiert sich am Verhalten ihrer Führungsriege. Es gehen Werte verloren, die uns Menschen eigentlich zu eigen sind.

Ich frage mich, wie ich mit Kritik umgehe. Ich konnte das jetzt gut in unserem Urlaub beobachten. Mein Reisebegleiter und ich waren ehrlich miteinander, und es gab manche Situation, in der ich durch ihn auf etwas aufmerksam gemacht wurde. Dabei ging es in erster Linie darum, in welcher Art und Weise ich mit ihm umging. Meine erste Reaktion war die des Abstreitens und der Rechtfertigung. In mir entdeckte ich eine beharrliche Haltung, dass ich es ja nur gut gemeint und in seinem Sinne gehandelt habe. Ich spürte in mir erhebliche Widerstände, Kritik an mich heranzulassen. Für mich stand jegliche Kritik für ein komplettes

Hinterfragen meiner Person. Würde ich sie annehmen, verlöre ich mich selbst.

Aufgrund dieser tiefgreifenden Reaktion frage ich mich, was Kritik für mich bedeutet. Anscheinend verbinde ich damit die Emotion, dass ich so, wie ich bin, nicht gut bin. Diese Stimme in mir kenne ich schon lange. Sie ist verbunden mit der Angst, nicht geliebt zu werden. Um diese Angst nicht spüren zu müssen, lasse ich Kritik gar nicht erst an mich heran. Sie wird im Vorfeld abgewehrt, ohne sie zu nutzen. Denn würde ich nicht so emotional reagieren, könnte ich die Kritik konstruktiv aufnehmen und überprüfen. Ich könnte aus dem Hinweis lernen und mich verbessern.

Stattdessen ist sie wie ein Angriff auf mich. Eine weitere Emotion gesellt sich dazu: Es ist das Gefühl, einen Fehler begangen zu haben. Wie ist es, wenn ich mir Fehler zugestehe? Kognitiv weiß ich, dass wir alle Menschen und nicht perfekt sind. Aber in meinem Selbstbild sind Fehler nicht vorgesehen. Ich darf mir keine erlauben, denn das würde an meinem konstruierten Bild kratzen, fast perfekt zu sein. Wozu benötige ich dieses Konstrukt in mir? Die Antwort fühle ich: Um mein eigentlich desolates Selbstbild, von dem ich ganz tief in mir überzeugt bin, zu kaschieren. Um es nicht an die Oberfläche zu lassen. Schließlich bräuchte ich mein Gutmensch-Konstrukt gar nicht, trüge ich kein solch verletztes Selbstbild in mir.

Tief darunter versteckt sich noch etwas: Es ist das Gefühl, versagt zu haben, womit mein desolates Selbstbild zusätzlich belastet wird. Ich weiß nicht, ob ich Ihnen die Komplexität der menschlichen Struktur näherbringen kann. Vermutlich läuft der Großteil der Menschheit mit einem desolaten Selbstbild herum, als Kompensation entspringen Reaktionen und Gewohnheiten wie Arroganz, Überheblichkeit, Selbstbesessenheit, Widerstand, Verschlossenheit,

Teilnahmslosigkeit, Abwertung, Besserwisserei und andere negative Emotionen.

Ich versuche mir anzugewöhnen, nicht mehr von Fehlern zu sprechen. Fehler sind für mich Handlungen, die ich vorsätzlich begehe. Und das widerfährt mir nur in Ausnahmefällen. Ich rede lieber von ‚Erfahrungen', die ich gemacht habe. In den zurückliegenden Jahren durfte ich zum Beispiel im finanziellen Bereich einige schmerzhafte Erfahrungen machen. Ich wollte mir diesen von mir bis dato abgelehnten Bereich erschließen und hörte nicht auf Stimmen, die mich warnten. Der Verlust war bitter, aber mein Erfahrungsschatz ist reicher geworden.

Neulich fielen mir in der Rückschau auf mein Leben Handlungen ein, die ich im Nachhinein bereue. Nach liebevoller Betrachtung erkannte ich, dass ich damals nach bestem Wissen und Gewissen gehandelt habe. Ich konnte nicht anders, ich war beschränkt in meinen Möglichkeiten des Klarsehens. Mit dieser Einsicht kann ich mich mit mir selbst versöhnen.

Fehler einzugestehen, ist eine Qualität, die in unserer Gesellschaft kaum noch praktiziert wird. Obwohl das doch ein Zeichen von Größe ist. Es hat den Anschein, dass wir aus lauter Angst vor Strafe keine Verantwortung für unsere Taten übernehmen. Das ist ein kindliches Verhalten. Oft verhält es sich so, dass wir aus Angst vor Fehlern oder Versagen gar nicht erst handeln. Wo ist unsere Lust auf Auseinandersetzung mit anderen Meinungen und mit anderen Menschen geblieben? Wo und wann ist unser natürlicher Drang nach Autonomie, nach Selbstverantwortung abhanden gekommen? Wie reagiert die Gesellschaft darauf, wenn jemand Reue zeigt? Oder ist Wegducken heute das bevorzugte Mittel der Wahl, weil es so viel bequemer ist und die Risiken minimiert?

Reue zeigen oder Wegducken – womit fühle ich mich besser? Wenn ich Fehler oder auch Erfahrungen eingestehe, bleibe ich mir treu. Ich stehe zu dem, was ich getan habe, und korrigiere es. Damit ist die Sache abgeschlossen. Wenn ich mich verstecke, halte ich die Angelegenheit energetisch am Laufen. Etwas bleibt ungelöst und ich verpasse die Möglichkeit, die Dinge zu korrigieren. In der Sterbebegleitung sprechen wir von ‚offenen Baustellen', durch die ein friedlicher Abschied mit einem „Ja" auf den Lippen oftmals verhindert wird. Energetisch betrachtet kann es sogar sein, dass wir das Ungelöste mit ins Jenseits nehmen.

Beim Thema Kritik kommt mir noch mein innerer Kritiker in den Sinn. Der ist häufig am Werk und kann ziemlich streng sein. Je strenger er mit mir ist, desto strenger bin ich mit meinem Umfeld. Vielleicht ist es längst überfällig, einfach liebevoller mit mir selbst umzugehen und den inneren Kritiker zu zügeln. Damit auch die Welt liebevoller werden kann.

Besserwisserei

Dieses Thema begegnet mir in meinem alltäglichen Leben regelmäßig. Es sitzt tief und spiegelt sich immer mehr im Außen in meiner mich umgebenen Realität. Ja, es wird mittlerweile so offensichtlich, dass ich nicht umhinkomme, mich mit meinem Bedürfnis von Besserwisserei auseinanderzusetzen.

Für mich begann es mit Corona. Der Meinungskorridor wurde immer enger und auch wenn die Pandemie inzwischen für beendet erklärt wurde, wird es immer deutlicher, wie bestimmte Meinungen von außen aufoktroyiert werden. Menschen, die kritisch oder ängstlich auf die neu auf den Markt gebrachten Impfung reagierten, wurden zunächst als Coranaleugner, dann als asoziale Impfgegner bezeichnet. Dann waren es Putinversteher, die versuchten, den Konflikt zwischen Russland und der Ukraine in einen historischen Kontext zu stellen. Und nun sind es Antisemiten, die die Auseinandersetzung zwischen Israel und Palästina umfassend einzuordnen versuchen.

Gleichzeitig passiert diese Radikalisierung der Meinungen auch in den alternativen Medien. Auch dort gibt es selten Foren, die offen und urteilsfrei berichten, in denen sich Menschen aus allen Bereichen zusammenfinden, um zu diskutieren und sich auszutauschen.

Wenn ich mich auf den Prüfstand stelle, merke auch ich immer wieder, wie ich darauf reagiere, wenn jemand anderer Meinung ist. Sofort geht eine Art Klappe runter, ich sortiere diesen Menschen innerlich als ‚nicht bewusst genug' aus. Ich verschließe mich und höre oft nicht mehr richtig hin. Es kommen Erinnerungen und Emotionen in mir hoch, die entstanden, als ich vergeblich versuchte, Menschen von meiner Meinung zu überzeugen. Nach dem Motto: Versuch es bloß nicht noch einmal, nachdem Du letztes Mal schon Schiffbruch erlitten hast. Oder: Lass bloß bestimmte Themen außen vor, damit der Frieden gewahrt bleibt.

Ich bemerke aber auch mein Selbstverständnis und Beharren darauf, dass ich auf jeden Fall die Wahrheit weiß. Dass meine Meinung die einzig Richtige ist. Da bin ich innerlich hartnäckig. Dann kommt noch mein Bedürfnis, Menschen, die anderer Meinung sind, mit meiner Haltung, mit meiner Meinung retten zu wollen. Und noch etwas habe ich bei mir entdeckt: Ich pauschalisiere und mache damit genau das, was ich bei vielen Medien kritisiere.

Woher nehme ich eigentlich den Anspruch, die Wahrheit zu wissen und sie so nach außen zu vertreten? Was ist das für eine Gewohnheit? Wenn ich selbst ein Urteil darüber treffen würde, fände ich das arrogant. Was hat es mit meiner Arroganz auf sich? Besserwisserei und Arroganz basieren auf einem mangelnden Selbstwertgefühl. Ich fühle mich klein und wertlos, und um dieses Gefühl nicht fühlen zu müssen, erhebe ich mich über andere.

Während ich zu diesen Erkenntnissen komme, fühle ich eine tiefe Wunde in mir. Dieses Gefühl, ein Nichts zu sein, keinen Wert darzustellen, kenne ich aus meiner Kindheit. Ich bin die Älteste von drei Kindern. Mein mittlerer Bruder ist zwei Jahre nach mir geboren, und damit begann für mich der Kampf um Aufmerksamkeit und Anerkennung. Unbewusst kam ich zum Schluss, mein Bruder sei mehr wert als ich. Mit diesem Bewusstsein fange ich an, diese Wunde des Selbstwertes zu fühlen und mit Selbstliebe zu heilen. In mir. Es sind verletzte Kinderanteile, die nach Beachtung suchen. Heilen kann ich diese nur selbst. Darüber hinaus kann immer wieder achtsam mit diesen Anteilen sein, wenn sie wieder nach Aufmerksamkeit rufen.

Es ist erstaunlich, welche Entdeckung ich hinter meiner Besserwisserei gemacht habe. Man könnte meinen, dass die Zusammenhänge an den Haaren herbeigezogen sind. Ich glaube, unsere Gesellschaft ist zutiefst traumatisiert. Ich bin der Überzeugung, dass fast jeder Mensch eine Wunde seines Selbstwertes in sich trägt. Wer darauf hinweist, ist der Gehirnforscher Gerald Hüther. Er führt diese Beobachtung auf unsere Erziehung zurück, die Kinder zu Objekten ihrer Eltern macht. Das Kind wird schon früh gemaßregelt, dass es so funktioniert, wie Eltern und das Umfeld es von ihm erwarten. Das Kind wird nicht darin gefördert, was es natürlicherweise mit sich bringt, sondern es wird dahin gebracht, den Erwartungen von außen zu entsprechen. Das Kind reagiert darauf mit Anpassung oder beginnt später damit, sein Umfeld genauso zu unterdrücken, wie es mit ihm geschehen ist.

Kollektiv gesehen wird klar, warum unsere Gesellschaft so funktioniert. Intoleranz anderen Meinungen gegenüber entspringt einer Angst, selbst unterzugehen. Das wiederum zeigt uns das Ausmaß unseres kollektiven Selbstwertes. Nach diesen Überlegungen versuche ich, mich anderen Auffassungen und Haltungen mehr zu öffnen. Wirkliches Hinhören zu praktizieren. Was hat mir mein Gegenüber zu sagen? Warum sagt er es mir gerade in diesem Augenblick? Was kann ich daraus lernen?

Meinem Gegenüber möchte ich unvoreingenommen begegnen, also so, dass er sich gesehen und gewürdigt fühlt. Ich möchte ihm mehr Verständnis entgegenbringen und nicht mehr missionarisch unterwegs sein. Sollte er mich fragen, sage ich ihm, was ich über bestimmte Dinge denke. Vorher nehme ich mir vor, mich breit informiert zu haben.

Darüber hinaus kann ich meine Haltung immer wieder überprüfen und seine Aspekte in meine Überprüfung einfließen lassen. Vielleicht kommen wir auf diese Weise auf dem Weg zur Menschheitsfamilie ein kleines Stück näher.

Besitzansprüche

Immer wieder begegnet mir das Thema, dass ich das Gefühl habe, dass man über mich hinweg entscheidet, dass man mein Geld ausgibt, dass ich nicht gefragt werde, bevor man Dinge macht, die mir gehören oder mich betreffen. Gestern war wieder so eine Situation. Wir fuhren zu einer Bäckerei. Ich gab meinem afrikanischen Freund mein Geld, und es wurden davon Backwaren für noch zwei andere Menschen, ohne mich zu fragen gekauft. Ich war wieder einmal irritiert, und dabei ging es gar nicht um die Summe, die gezahlt werden musste, sondern um die Tatsache, dass jemand über mich bestimmt.

Da ich mir fest vorgenommen hatte, etwas an meinen Gewohnheiten zu ändern, ging ich in mich und beobachtete meine Gedankengänge und meine daraus entstehenden Emotionen. Ich fühlte mich betrogen, übergangen und reagierte mit Ärger. Dabei war das Gefühl Mein und Dein stark. Dann setzte ich einen anderen Gedanken an diese Stelle: Unser. Und es ist für alle genug da. Sogleich entspannte sich mein System, wobei mein Ego zwar nicht aufgab, aber deutlich weniger zu hören war, bis es später Ruhe gab.

Es ist interessant, zu merken, wie stark ich darauf konditioniert bin, meins zu verteidigen. Sicherlich kommt diese Struktur aus meiner Kindheit, ich hatte mich gegen zwei jüngere Brüder zu behaupten, die wie Kletten aneinanderhingen.

Mein und Dein bringt so viel Unglück in die Welt und entspringt immer aus einem Mangel. Wir meinen, Besitz verteidigen zu müssen, da es irgendwann dazu kommen könnte, dass wir zu wenig oder gar nichts mehr haben.

Wenn wir nach außen schauen, dann wird uns diese Struktur momentan stark gespiegelt: Menschen, die unfassbar reich und mächtig sind, sind weiter darauf bedacht, noch mehr Reichtümer und Macht anzusammeln. Die Spanne zwischen reich und arm wird immer größer und die Angst der Besitzenden, ihren Besitz zu verlieren oder verteidigen zu müssen, wird immer stärker.

Wenn ich es mir recht überlege, gehört eigentlich niemanden etwas. Jedes Ding, jede Pflanze, jeder Stein gehört erst einmal sich selbst. Besitzansprüche sind menschengemacht und erzeugen seit Jahrtausenden Streit, Krieg und Zwietracht.

Ich stelle mir vor, wie es wäre, wenn wir eine Gemeinschaft wären, in der von allem genug da ist. Wenn jeder Verantwortung für die Gemeinschaft übernimmt und sorgsam mit dem, was vorhanden ist, umgeht. Wenn wir jederzeit in der Lage wären, das, was wir zum Leben bräuchten, zu kreieren. Wenn es keinen Mangel, aber auch keine Maßlosigkeit mehr gäbe. Wenn wir tatsächlich eine Menschheitsfamilie würden.

Wie wäre es, wenn wir ab jetzt unsere etablierten Denkstrukturen verlassen und stattdessen groß und neu denken? Wenn wir innovative Formen von Energiebeschaffung aufkommen ließen und Energie frei für jeden zugänglich wäre? Wenn es nicht mehr um Geld ginge, sondern jeder das in die Gemeinschaft einbrächte, was er zur Verfügung hat. Wenn wir die Kultur des Gebens und Nehmens auf allen Ebenen lebten? Auch hinsichtlich unserer Erde? Was wäre, wenn wir uns und ihr gegenüber mit Dankbarkeit und Respekt begegneten?

Ich kehre zu meinem Ausgang zurück, Beklemmungen zu bekommen, wenn jemand über mich bestimmt. Wenn ich tief in dieses Gefühl gehe, dann registriere ich den mir bekannten Drang, frei zu sein. Das kann ich aber nur, wenn es mir wirklich gelingt, alles das anzunehmen, was sich gerade in diesem Moment manifestieren will. Wenn ich es willkommen heiße, auch wenn es mit unangenehmen Emotionen verbunden ist.

Ich spüre den Impuls in mir, zu kämpfen, mich zu verteidigen. Mein Gut an mich zu reißen. Er äußert sich in einem Druck im Bauch und einem verschlossenen Hals. Dann wandelt sich die Emotion mit dem Aufkommen eines neuen Gedankens: Was bist Du für eine Egoistin. Statt mich mit offenem Herzen anzunehmen, gibt es noch einen obendrauf. Ich bleibe bei diesem Gefühl der Zusammenziehung. Ich fühle, bleibe mit Vertrauen, das alles gerade so richtig ist, wie es ist. Langsam löst sich alles auf. Es breitet sich Frieden aus. Nun kann ich mich an der Freude der beiden, die ebenfalls mit Backwaren versorgt sind, wahrhaftig freuen.

Ordnung

Vor einiger Zeit lernte ich Thomas kennen. Wir verstanden uns auf Anhieb und luden uns gegenseitig ein. Als ich in seine Wohnung kam, strahlten mir Ordnung und Sauberkeit entgegen. Ausgewählte Dinge lagen dekorativ an einer für sie bestimmten Stelle. Es war nichts Überflüssiges zu sehen, alles klar und übersichtlich. Bei einer Wohnungsführung kam ich aus dem Staunen nicht heraus. Jede noch so kleine Ecke wurde durch praktische Stapelkisten ausgenutzt, um Vorräte und Dinge, die man nicht täglich benötigte, zu beherbergen. Ich war schwer beeindruckt.

Thomas erzählte, dass er das schon immer gut gekonnt habe. Struktur und Ordnung gehören für ihn in sein tägliches Leben. Das schaffe Klarheit in seinem Kopf und helfe ihm, sich auf Wichtiges zu konzentrieren und sich nicht im Unwichtigen zu verlieren. Obwohl schon alles so übersichtlich aussah, meinte er, er sortiere immer noch aus.

Die Erinnerung an diese Besuche hatte ich gestern, als wir auf Gambias Straßen im Stau standen. Aufgrund eines Unfalls wurden wir durch enge Nebenstraßen - wobei man kaum von Straßen sprechen kann - geleitet, an Markt- und Unterständen vorbei. Überall, wo ich nur hinschaute: Alte Autowracks, Berge von Autoreifen, Müllhaufen, Baracken und eine Vielzahl von Menschen. Durch unseren Stillstand hatten wir die Gelegenheit, die Dinge genauer zu inspizieren. Die spezielle Ordnung der Läden des Marktes standen in einem totalen Kontrast zu der chaotischen Umgebung. Auch die Verkehrsführung hatte mit Struktur nichts zu tun. Andererseits habe ich keinen Afrikaner getroffen, der Schwierigkeiten mit dieser Art von Chaos hat. Sie scheinen sich angepasst zu haben und pflegen ihre eigene Art von Regeln und Strukturen.

Dennoch merke ich, wie mein Bedürfnis zunimmt, daheim Ordnung und Klarheit zu schaffen. Dazu müsste ich radikal ausmisten, mich also von Altem, das ausgedient hat, trennen. Ich müsste innere Sätze wie, das kann man doch noch gebrauchen und wer weiß, wann, oder das ist viel zu schade, um es wegzutun, überprüfen. Vor allem müsste ich aufhören, immer noch mehr dazu zukaufen, nur weil es gerade im Angebot ist.

Die Frage ist: Was brauchen wir wirklich zum Leben? Und habe ich in mir das Vertrauen, an das zu kommen, wenn ich es benötige? Ich habe eine Cousine, die sich zum Ziel gesetzt hat, alles auszusortieren, was sie zwei Jahre lang nicht gebraucht hat. Für mich ist das momentan noch unvorstellbar, obwohl ich genau weiß, dass mir das viel mehr Klarheit bringen würde und ich ja sogar bei Thomas erlebt habe, wie angenehm solch eine Umgebung ist.

Klarheit geht auch mit, wie Horst Vogel sagt, „geschlossenen Aktionszyklen" einher. Jedes Mal, wenn wir etwas bereits in unseren Gedanken planen und beginnen, öffnen wir damit einen offenen Aktionszyklus. Je länger wir uns damit befassen, desto mehr lädt er sich mit Energie auf. Wenn wir ihn nicht beenden, tragen wir unser Vorhaben weiterhin mit uns. Wir erinnern uns daran – womöglich mit wachsendem schlechtem Gewissen – so dass sich weiter Energie aufbaut, die erst beim Schließen des Aktionszyklus abgebaut wird. Wenn wir etwas beendet haben, was wir uns vorgenommen hatten, empfinden wir Erleichterung.

Je mehr offene Aktionszyklen wir mit uns tragen, desto erschöpfter werden wir. Und desto verwirrter werden unsere Gedanken. Bis wir implodieren und gegebenenfalls in einem Burnout enden. Es ist hilfreich, sich hinzusetzen und seine offenen Aktionszyklen aufzuschreiben, um sie sukzessive zu beenden. Bei jedem beginnenden Aktionszyklus sollten wir überlegen, wann und wie wir ihn in absehbarer Zeit beenden können, damit sich nicht wieder Neues in der Pipeline anstaut.

Auch das führt uns in unsere Kraft und zu mentaler Klarheit. Nun die Frage, wie steht es mit meiner Ordnung, meiner Struktur und Klarheit? Mittlerweile spüre ich, welch negative Auswirkungen es hat, wenn ich Unordnung um mich herum habe oder ich bestimmte Aktionszyklen nicht schließe. Ich bemühe mich, Dinge direkt zu erledigen, die ich direkt erledigen kann. Das fängt an, gebrauchtes Geschirr sofort zu spülen, einen geöffneten Brief direkt abzuheften oder einen Telefonanruf sofort zu tätigen. Um all die erledigten Dinge brauche ich mich im Nachgang nicht mehr zu kümmern.

Was meine persönliche Ordnung angeht, habe ich noch Aktionspotential. Ich nehme mir vor, mal so richtig auszusortieren und zu entrümpeln – übrigens ist das auch ein neuer Aktionszyklus. Mit Dingen, die noch gut sind, werde ich eine Kiste „zu verschenken" machen. Dann können sich andere Menschen freuen, und ich mit ihnen. Oft geht das Ausmisten zu zweit besser. Dann verliert man sich nicht in alten Sachen und die Entscheidung, sich zu trennen, fällt leichter.

Bis jetzt haben wir im Außen aufgeräumt, was dazu führen kann, auch in unserem Inneren mal durchzuforsten, welche alten Gedanken uns immer wieder einholen. Da gibt es bei mir eine Menge, die ich als Gewohnheits-Gedankenkarusselle bezeichnen würde. Die immer wieder das gleiche Drama erzeugen. Ich nehme mir vor, demnächst bewusster innezuhalten und einen alten Gedanken durch einen neuen zu ersetzen. Und einfach mal zu schauen, welches neue

Gefühl danach entsteht. Diese Achtsamkeit in mir wird von der Ordnung in meinem Umfeld unterstützt. So entsteht eine Wechselwirkung zwischen meinem Innen und meinem Außen.

Wähle ich meine Gedanken achtsam und bin mir deren Wirkung im Außen bewusst, wird das nicht nur mein Leben fulminant ändern, sondern auch eine Wirkung auf das Kollektiv haben. Die Welt steht Kopf, momentan erscheint es mir unvorstellbar, jemals Ordnung und Struktur in unser Menschheitsgefüge zu bekommen. Das ist allerdings dringend nötig, wollen wir wirklich etwas Grundsätzliches verändern.

Manipulation

Seit einigen Jahren ist mir die Manipulation, der wir ausgesetzt sind, deutlich aufgefallen. Kaum mache ich heute das Radio an, werde ich mit Schreckensmeldungen bombardiert: Pandemie, Ukrainekrieg, Krieg in Israel und Palästina und nun noch der Klimawandel. Anstatt konstruktiv nach Lösungen zu suchen und Deeskalation zu betreiben, gewinne ich den Eindruck, dass alles darauf abzielt, uns in Angst und Schrecken zu versetzen.

Mir scheint, dass sich auf einmal zwei Lager auftun. Einmal die Hauptmedien und auf der anderen Seite die alternativen Medien. Sowohl bei den einen als auch bei den anderen wird teilweise sehr einseitig und manipulativ berichtet.

Manipulation ist ein wichtiges Thema. Es bedeutet, dass wir dahin gebracht werden, eine bestimmte Meinung oder Handlung anzunehmen, die andere von uns gerne hören oder sehen wollen. Das kann bewusst oder unbewusst stattfinden. Die Werbung arbeitet mit manipulativen Techniken, um uns von ihren Produkten zu überzeugen. Unser Denken wird oft gesteuert durch einseitige Berichterstattung oder einer bestimmten Auswahl von Wörtern. Da der Mensch selten objektiv ist und sich sehr leicht von seinen Gefühlen leiten lässt, ist die Erzeugung von Angst auch ein Mittel der Einflussnahme auf ihn. Denn Angst schaltet unseren logischen Verstand aus und wir reagieren nur noch instinktiv und automatisiert. Ebenso können auf Massenveranstaltungen bei den Teilnehmern richtiggehend Gefühle „angeheizt“ werden, so dass der denkende Verstand ausgeschaltet und Manipulation möglich wird.

Manipulation geschieht aber nicht nur im öffentlichen Raum, sondern vor allem im zwischenmenschlichen Bereich. Das beginnt schon früh. Ich erinnere mich an eine Situation, als mein erster Sohn geboren war. Kaum war er auf der Welt, riet man mir, ihn schreien zu lassen, sonst manipuliere er mich. Meine Angst, mein gerade geborener Sohn könne mich manipulieren, war groß.

Was passierte, war folgendes: Mein Sohn erfuhr durch unsere Erziehung, wie er sich verhalten soll, um Anerkennung und Lob zu bekommen. Da er existentiell von mir abhing und auf Bindung angewiesen war, nahm er ein Verhalten an, das meiner Erwartung entsprach. Haben wir nun IHN manipuliert oder er UNS?

Auf jeden Fall scheint es in uns einen Drang zu geben, Menschen in bestimmte Richtungen zu drücken, damit sie unseren Erwartungen und Bedürfnissen entsprechen. Darauf sind viele unserer zwischenmenschlichen Handlungen ausgelegt. Und daraus entstehen Gewohnheiten.

Eine meiner Gewohnheiten ist es zum Beispiel, meinem Freund einen Kuchen mitzubringen. Ich möchte ihm damit meine Zuneigung zeigen, und gleichzeitig das Gefühl bekommen, geliebt zu werden. Mittlerweile habe ich verstanden, woher dieses Verhalten stammt. In meiner Kindheit habe ich verinnerlicht, dass ich mich für die Liebe meiner Eltern anstrengen muss. Als Kind war ich extrem hilfsbereit, räumte das Haus auf, kochte, bügelte etc. Immer in der Erwartung, dass ich für meine Taten geliebt werde.

Mir ist aufgefallen, dass ich viele Dinge mit einem unausgesprochenen „um zu" verrichte. Diese Tätigkeiten entspringen nicht meinem Herzen, sondern sind mit einer Absicht verbunden. Meist spielt sich das automatisiert und unbewusst ab.

Mit der Entscheidung, weniger Dinge zu machen, um etwas zu erreichen, könnte ich damit beginnen, etwas an meinen Gewohnheiten zu ändern. Ich kann mich fragen, warum ich meine Wohnung aufräumen muss, bevor jemand kommt. Was ist die Motivation dahinter? Entspringt sie meinem Bedürfnis nach Ordnung oder will ich nicht als unordentlich wahrgenommen werden? Warum engagiere ich mich an bestimmten Stellen? Ist es ein wahres Anliegen oder geht es mir um Beachtung und Wertschätzung?

An diesem Beispiel ist erkennbar, wie Manipulation auf sehr subtile Art und Weise immer wieder in unserem Alltag zutage kommt.

Was würde passieren, wenn wir aufhören würden, unser Umfeld zu manipulieren? Um mir darüber bewusst zu werden, muss ich mich zunächst einmal fragen, aus welcher Motivation ich etwas mache. Steckt dahinter ein Bedürfnis, eine Erwartung an jemanden? Oder entspringt es meinem wahren Selbst?

Wenn es sich so verhält, dass ich immer wieder gerne eine Bestätigung hätte, geliebt und wertgeschätzt zu sein, dann steckt dahinter ein bestimmtes Selbstbild. Nämlich eines, das verletzt ist. Dann wird mir erneut meine Selbstüberzeugung bewusst, nicht in Ordnung zu sein so wie ich bin. Dass ich störe, nicht gewollt bin oder sogar gar nicht erst hätte geboren werden sollen. Dann ist klar, dass ich immer wieder im Außen Bestätigung für meine Existenz suche.

Mir ist mittlerweile klar geworden, dass ich im Außen keine Heilung finden kann. Es liegt an uns, uns zu heilen. Liebe ist unser Geburtsrecht. Wenn wir sie nicht bedingungslos bekommen haben, ist es unsere Aufgabe, sie uns bedingungslos zuzusprechen. Nehmen wir uns vor, demnächst liebevoll und achtsam zu werden bezüglich dem, was wir wirklich wollen. Und wagen wir das Risiko, das auch tatsächlich durchzusetzen. Wir können daraufhin unsere neuen Erfahrungen, die sich dadurch einstellen, fühlen und beobachten. Vermutlich werden sich Ihre Katastrophenphantasien nicht bestätigen. Und daraus Konsequenzen für das Einüben von neuem Verhalten ziehen. Wir können immer wieder dabei unsere Gedanken beobachten, denn sie sind die Ursache unseres Verhaltens.

So wächst unser Selbstwert und wir kommen unserem Urzustand, der Liebe und Begeisterung ist, näher. Wenn wir uns unseres wahren Selbsts bewusst werden, sind wir für Manipulation von außen weniger anfällig. Und werden intuitiv wissen, was nicht stimmt und in welche Richtung manipuliert wird.

Lügen und Betrügen

Als ich vor 40 Jahren eine Zeitlang in Brasilien tätig war, wurde ich dort mit einer immensen Korruption konfrontiert. In meiner Naivität glaubte ich tatsächlich, dass es so etwas in Deutschland nicht gäbe. Mittlerweile bin ich da anderer Meinung. In den letzten Jahren werden auch hier in Europa immer häufiger Skandale aufgedeckt, sowohl auf hoher politischer als auch auf privater, persönlicher Ebene. Es scheinen Verflechtungen zwischen Menschen mit hohem Einfluss und Firmen zu geben, die ich im Einzeln nicht alle zu durchschauen vermag, die aber ihre (zumeist finanziellen) Interessen in den Vordergrund stellen, es uns, den Bürgern, allerdings anders „verkaufen".

Auch fühle ich mich oft betrogen von Firmen, die Produkte anbieten und uns suggerieren, dass wir sie unbedingt brauchen. Dazu zähle ich besonders die Pharma- und Gesundheitsindustrie, die sich für nichts zu schade ist, wenn der Profit stimmt. Menschen, von denen ich nie gedacht hätte, dass sie in großem Stil betrügen, enttäuschen mich tief. Ich bin irritiert und kann die Welt, die ich mir zurechtgelegt hatte, nicht mehr verstehen.

Doch an einem gewissen Punkt halte ich inne. Inwieweit steht mir ein Urteil zu? Gibt es nicht auch Gelegenheiten in meinem Leben, in denen ich betrüge? Zum Beispiel bei meiner Steuererklärung, wenn ich versuche, für mich das Maximum rauszuholen?

Neulich bin ich beim Autofahren ohne Brille erwischt worden. Meine Augen haben sich durch Training ein Stück weit verbessert, so dass ich entschied, die Brille wegzulassen. Der Hinweis, dass ich eine Sehhilfe benötige, ist jedoch in meinem Führerschein vermerkt. Der Akt, das Dokument umschreiben zu lassen, ist mir zu lästig, so dass ich nun eine Brille mit Fensterglas aufsetze.

Darüber hinaus lassen sich mit Sicherheit noch weitere Dinge finden, die nicht ganz korrekt ablaufen. Okay, sage ich mir, das sind ja nur unbedeutende, kleine Delikte. Aber die Energie, die dahinter steckt, ist die gleiche. Wenn ich das bei anderen anklage, sollte ich erst einmal vor meiner eigenen Haustür kehren.

Richten wir den Blick erneut nach innen. Wo belüge ich mich selbst? Das passiert vor allem dann, wenn ich etwas an mir entdecke, das ich nicht schön oder gut finde. Statt zu untersuchen, warum ich so gehandelt habe, rechtfertige ich mich und relativiere die Dinge, obwohl ich durch eine Überprüfung wesentlich mehr lernen zu könnte.

Ich denke an die unzähligen Begebenheiten, in denen ich „ja“ gesagt habe, obwohl ich „nein“ meinte. Nur aus der Angst heraus, nicht mehr geliebt zu werden. Es gab Situationen in meinem Leben, in denen ich einen großen Mangel spürte. Deshalb betrog ich und sorgte so dafür, dass ich gut dabei wegkam.

Wahrhaftig – das Wort hat Stärke in sich. Darin steckt wahr und haften. Ich hafte für die Wahrheit. Das ist ein Ziel, das ich mir zu Herzen nehme. Es erfordert Selbstsicherheit, Mut und die Entscheidung, etwas Neues mit meinem Leben zu machen. Es benötigt die Liebe zur Ehrlichkeit vor mir selbst. Diese Ehrlichkeit kommt mir zugute, denn nur so kann ich mich ändern und damit mein Leben neu gestalten. Ich kann davon ablassen, Menschen zu beurteilen und zu verurteilen. Wie sagte Jesus zu den Männern, die eine Frau steinigen wollten: „Wer ohne Sünde ist, der werfe den ersten Stein."

Indem ich Fehler ständig im Außen suche, lenke ich erfolgreich von meinem eigenen Schatten ab. Schließlich haben wir alle alles in uns, von Hitler bis zur Mutter Theresa. Wir sind die gesamte Bandbreite der Aspekte. Jeder Einzelne will integriert werden. Danach liegt es an uns, welchen Aspekten wir Kraft geben. Ich nehme mir vor, mich mehr der Wahrhaftigkeit zu verpflichten.

Das niedrige Drama: Opfer - Täter - Retter

Nach einer 22-stündigen Fahrt kommen wir übermüdet auf einem Campingplatz in Kroatien an. Da dieser fast leer ist, dürfen wir uns einen Stellplatz für unseren Camper aussuchen. Wunderschöne, am Meer gelegene Plätze warten auf uns, so dass die Wahl schwerfällt. Nach einer Weile entscheiden wir uns für eine malerische Stelle direkt am Meer. Daneben steht ein Deutscher, der offensichtlich seine Sachen packt. Ich frage ihn, ob er heute abreist. Er herrscht mich an, es hieße als allererstes: „Guten Morgen". Ich sage „Guten Morgen". Daraufhin betont er, dass die Begrüßung an den Anfang gehöre. Auf meine Frage hin gibt er mir keine Antwort, sondern kehrt mir den Rücken zu.

In mir steigt geballte Wut hoch. Ich sage laut, dass ich auf solche Belehrungen keine Lust habe. Und ziehe „kochend" von dannen. Mein Freund versucht, mich zu beruhigen, mit wenig Erfolg. Mir geht diese Begegnung lange nach.

Wenn ich so stark auf etwas emotional reagiere, dann hat es mit mir zu tun. Das zumindest weiß ich mittlerweile. Als die Wut etwas abgeebbt ist, entdecke ich, dass ich diese „Schulmeisterei" aus meiner Kindheit kenne. Mein Vater hatte meinen Freundinnen am Telefon jedes Mal ein „Guten Tag" abverlangt und sie ermahnt, wenn dieser Gruß nicht von alleine kam. Ich fand das als Tochter nicht witzig und mir war sein Verhalten äußerst peinlich. Nun habe ich mich neulich selbst einmal erwischt, wie ich über unseren Nachbarsjungen gedacht habe, dass er auch einmal grüßen könnte. Ich war schon drauf und dran gewesen, ihn daraufhin anzusprechen. Nicht sehr angenehm, zu entdecken, dass ich genau die gleiche Seite in mir habe, die mich „auf die Palme getrieben hat".

Dennoch kommt mir diese Erkenntnis wieder zugute, denn so kann ich etwas in mir entdecken, das ich verabscheue. Wieder eine Facette, die ich anerkennen, die ich zu mir nehmen darf.

Und mit Abstand kann ich noch mehr lernen aus diesem Ereignis. Sehr schnell habe ich mich zum Opfer und den Mann zum Täter gemacht. Meiner Meinung nach war er nicht respektvoll mit mir umgegangen war, obwohl ich ursprünglich nicht respektvoll gegrüßt hatte. Er hätte sehen müssen, dass ich übermüdet war und Verständnis dafür zeigen müssen. Außerdem blieb er mir eine Antwort schuldig. Sowie meine Wut hochkochte, begab ich mich aus der Opfer- in die Täterrolle und schimpfte über ihn. Ich war mitten in meinem selbsterzeugten Drama. Später mit ein wenig Abstand wurde mir klar, dass ich mich auf die Ebene des „niedrigen Dramas" begeben hatte.

Das sogenannte „Dramadreieck" (in Anlehnung an Stephen Karpman und Clinton Callahan) besteht aus drei Rollen: Dem Opfer, dem Täter oder Verfolger und dem Retter. Wir nehmen sehr gerne diese Rollen ein, wenn wir Verantwortung vermeiden möchten. Zwei dieser Rollen müssen immer besetzt werden, wobei es immer ein Opfer geben muss.

Die Position des Opfers ist, obwohl es nach außen nicht so scheint, die geschickteste und mächtigste: Ein Opfer macht sich klein, hilflos und überlässt anderen Entscheidungen und Verantwortung. Unterschwellig ist in ihm das Gefühl vorhanden, nicht in Ordnung zu sein. Gleichzeitig zieht es durch Traurigkeit Mitleid und Aufmerksamkeit auf sich. Aber an einem bestimmten Punkt geht die Traurigkeit in Wut über, so dass das Opfer dann in die Täterrolle wechselt, in dem es sich an seinem Täter rächt. Und da es ja einen Grund hatte, sich zu rächen, geht es schnell wieder zurück in seine altbewährte Rolle als Opfer. In meinem Beispiel begab ich mich zunächst in die Opferrolle: „Wieso ist dieser Mann so unfreundlich und unverschämt, mir meine Frage nicht zu beantworten?“ und danach sprang ich in die Rolle des Täters: „Das Arschloch, seine arme Ehefrau muss solch einen Menschen ertragen.“

Der Täter übernimmt seine Position, indem er das Opfer abweist. Er signalisiert ihm: „Du bist nicht okay, ich will dich loswerden.“ Er übernimmt für seine Wut und Respektlosigkeit keine Verantwortung.

Der Retter denkt: „Das Opfer ist nicht okay, ich muss ihm unbedingt helfen.“ Er stellt sich dadurch auf eine höhere Position, indem er sich als überlegen empfindet. Er geht davon aus, dass das Opfer sich nicht selbst helfen kann und fühlt sich selbst dadurch bestätigt. Auch in dieser Rolle wird keine Verantwortung übernommen, da die Motivation darin besteht, es für den anderen zu machen, ohne sich klar darüber zu sein, es für sich selbst zu machen. Die Energie des Retters ist ähnlich der des Täters: Beide denken, dass das Opfer nicht in Ordnung sei.

Zwischen diesen drei Rollen wechseln wir hin und her. Niedriges Drama spielt sich sehr häufig in unserem Alltag ab. Die Frage ist: Wann, wo, mit wem, wie häufig und warum. „Immer wenn ich frei habe, ist schlechtes Wetter.“ - „Immer muss ich den Müll herausbringen, keiner sonst kümmert sich darum.“ - „Keiner versteht meine Argumente, alle sind gegen mich.“ Wer von uns kennt nicht diese Gedanken? In Wirklichkeit spielen sie sich dauernd in unserem Kopf ab. Aber solange wir auf dieser Ebene verbleiben, solange wir in diesen Rollen festhängen, werden wir selbstständig keine Lösungen finden. Es geht darum, die Verantwortung über unser Denken und Handeln zu übernehmen. Um klar zu denken und zu reflektieren, um auf eine sachliche und neutrale Ebene zu kommen, müssen wir eine Art „Adlerblick“ einnehmen und bewusst unsere eingenommenen Rollen verlassen. Aus dieser Adlerblick-Perspektive können wir analysieren und herausbekommen, was wir mit dem Ereignis zu tun haben:

Was war die Motivation zum Retten? Sind wir um Hilfe gefragt worden? Ist die Hilfe, die wir anbieten, Hilfe zur Selbsthilfe? Oder möchte unsere Hilfe den anderen klein halten?

Was war die Motivation, Täter zu werden? Wollte ich mich dadurch größer, mächtiger, überlegener machen? Waren es Projektionen, die mich respektlos werden ließen?

Und was ist die Motivation dafür, mich als Opfer zu fühlen? Entledige ich mich der Notwendigkeit, Entscheidungen zu treffen?

Nach und nach wird mir bewusst, dass ich zusätzlich meine Macht abgegeben habe. Ich meinte, der Mann habe mich geärgert. Damit habe ich mein Wohlergehen vermeintlich in seine Hände gegeben. Aber in Wirklichkeit habe ich mich geärgert. Ich war für meinen Ärger verantwortlich. Auch durch meine Erwartung, eine Antwort auf meine Frage zu bekommen, und die damit einhergehende Reaktion war eine Abgabe meiner Energie an diesen Mann. Ich beschließe, in Zukunft achtsamer mit mir umzugehen und meine Macht nicht so zu verschleudern, mir meiner Selbst-Ermächtigung bewusster zu sein.

Und noch ein Gedanke dazu: Habe ich diesen Mann bewusst als meinen Spiegel angeschaut? Nein, denn sonst wäre mir klar gewesen, dass ich es ja bin, mit dem ich so rede. Schaue ich auf mein Gegenüber und beschimpfe ihn in seiner ganzen Person, beschimpfe ich mich dadurch selbst. Denn dabei unterscheide ich nicht zwischen ihm als Mensch einerseits und seinem Verhalten andererseits. Mit seinem

Verhalten muss ich nicht konform sein, aber sein Menschsein, seine Essenz ist unantastbar. Nichts an seinem Verhalten kann mich dazu bringen, meine Verbindung von mir als Mensch zu ihm als Mensch aufzugeben. Denn ich begegne mir in ihm; und nur so bleibe ich in meiner Selbstermächtigung, in meiner Liebe und meinem Frieden.

Treffe ich keine Unterscheidung zwischen Mensch und Verhalten, sondern urteile über beides, bedeutet das wiederum Spaltung und Krieg. Und wenn wir uns an das „Ursache-Wirkung-Prinzip" erinnern, wird dieses Denken und Handeln erneut eine nicht förderliche Ursache in meinem Leben zur Folge haben.

Alles in allem danke ich diesem Mann. Durch ihn durfte ich viel über mich entdecken und lernen.

Für wen machen wir was?

Neulich kam Maria zu mir, die ihre betagte Mutter betreut. Sie kam, weil sie unzufrieden mit ihrem Leben war. Sie hatte ständig das Gefühl, ihre Mutter bringe ihr nicht genügend Wertschätzung entgegen. Tatsächlich war ihre Mutter ständig unzufrieden und übersah konsequent die Bemühungen ihrer Tochter. Das machte Maria wütend, ihre Haltung ihrer Mutter gegenüber wurde immer vorwurfsvoller.

In einer gemeinsamen Reflexion fanden wir heraus, dass dieser Mangel an Wertschätzung in der Kindheit begründet lag. Maria hatte immer das Gefühl, sich anstrengen zu müssen, um eine gute Tochter zu sein. Die Anstrengungen liefen ins Leere, und so wurden die Impulse immer stärker, sich für die Mutter ins Zeug zu legen. Je intensiver die Bemühungen wurden, desto stärker wurde die Hoffnung, endlich einmal gesehen und dafür geliebt zu werden. Mittlerweile ist die Mutter 102 Jahre alt, und Maria hat die Hoffnung immer noch nicht aufgegeben.

Was läuft zwischen diesen beiden Menschen ab? Maria spürt den Mangel an Liebe in sich und sucht sie weiterhin im Außen bei ihrer Mutter, die sie ihr verweigert. Da es früher eine Überlebensstrategie war, sich anzustrengen, um etwas Liebe abzubekommen, hat Marias System dieses Verhalten abgespeichert. Bis heute spult sie ihr Programm ab, obwohl es nie zum Erfolg geführt hat.

Nach außen gibt Maria das Bild ab, sich ehrenwert um ihre Mutter zu kümmern. Aber für wen macht sie das wirklich? Wenn wir hinter die Kulissen schauen, macht sie es für sich. Um ihre Hoffnung immer wieder aufleben lassen zu können, irgendwann als guter Mensch erkannt zu werden.

Was würde passieren, wenn sie ihrem Impuls, sich um die Liebe ihrer Mutter zu bemühen, nicht nachgeben würde? Sie würde an die uralte Verletzung kommen, die sie damals in ihrer Kindheit hat spüren müssen. Da unser Ego uns vor diesen alten Gefühlen schützen will, sorgt es dafür, dass wir immer wieder alte Gewohnheiten abspulen. Im Falle von Maria ist das der erbitterte Kampf um Aufmerksamkeit und Zuwendung.

Auflösen lässt sich dieser Mangel nur mit dem Beschluss, der damaligen Überlebensstrategie ein neues Verhalten entgegenzusetzen. Es geht darum, an den alten Schmerz zu kommen, um ihn durchzufühlen. Gleichzeitig kann Maria die Einsicht gewinnen, dass nur sie selbst dieses Mangelgefühl eliminieren kann, indem sie es transformiert, um es dann zu integrieren. Es geht darum, unabhängig vom Außen zu werden, weil wir alles, was wir uns von dort erhoffen, in uns finden. Maria muss in sich Selbstliebe und Selbstannahme finden. Das kann keine Mutter für sie erledigen.

Bei diesem Beispiel ist mir ein weiterer Aspekt aufgefallen: Alles, was wir für andere machen, machen wir im Grunde für uns selbst. Um uns zu bestärken, dass wir gute Menschen sind und uns ein gutes Gewissen zu verschaffen. Wenn wir ehrlich mit uns sind und unsere Handlungen überprüfen, werden wir regelmäßig zu diesem Ergebnis kommen.

Auch meinen Plan, ein alternatives Gesundheitsprojekt zu gründen, in dem es um wirkliche Gesundheit, Selbstverantwortung, Selbstermächtigung und Freude geht, verfolge ich in erster Linie für mich, um mir das Gefühl zu geben, mit meinem Leben etwas Sinnvolles anzustellen. Es ist menschlich, dass wir das Meiste für uns tun. Wir müssen es uns nur bewusst machen. Wenn wir unsere Motivation erkannt haben, können wir schauen, ob wir aus alten Gewohnheiten heraus handeln oder ob es etwas ist, was aus dem Moment heraus aus uns geboren wurde. Wenn etwas quasi aus dem Nichtstun heraus entsteht, kommt es aus dem Herzen. Dann nennen wir es nicht mehr Tun, sondern Wirken.

Kommen wir immer mehr in unsere Selbstliebe, spüren wir eine immer größer werdende Verbundenheit mit unseren Mitmenschen und werden eins mit unserem Gegenüber. Dann spüren wir wahres Mitgefühl, alle Erwartungen, die wir an unser Außen haben, fallen in sich zusammen. In diesem Zustand merken wir, dass wir uns selbst in dem Anderen begegnen. Es wird uns unmöglich, dem anderen etwas Verletzendes zuzufügen. An diesem Punkt schließt sich der Kreis: Wenn ich mich in meinem Gegenüber sehe, tue ich das, was ich vermeintlich für den Anderen tue, in Wirklichkeit für mich.

Freiheit

Es wird in diesen Zeiten viel von Freiheit gesprochen. Durch die von der Regierung beschlossenen - zum Teil drastischen - Maßnahmen und die damit entstandenen engen Meinungskorridore fühlen sich immer mehr Menschen in ihrer Freiheit eingeengt. Freiheit hört da auf, wo die Freiheit des anderen anfängt – das ist ja auch ein gängiges Sprichwort. Doch wie kann sich Freiheit im Außen zeigen, wenn wir in uns gefangen sind? An welcher Stelle fehlt uns die innere Freiheit, die völlig unabhängig vom Außen ist?

Meine innere Überprüfung beginnt wieder einmal mit meinen Gewohnheiten. Solange ich sie nicht erkannt habe, mich mit ihnen konfrontiere und sie gewandelt habe, bin ich ein Mensch, der unbewusst gesteuert ist. Es sind alte Programme, die sich irgendwann einmal gebildet haben und nun auf der Festplatte gespeichert sind. Immer wieder wachsam zu sein, um diese Abläufe zu erkennen und aus ihnen eine Strategie zu machen, schafft Freiheit.

Das gleiche gilt für Glaubenssätze. Sie sind tief in uns verankert. Sie prägen uns und unsere Auffassung, was wir sind und darstellen. Glaubenssätze steuern das, was und wie wir denken. Daraus entspringen unsere Handlungen, und so erzeugen wir unsere Realität. Auch an dieser Stelle ist Achtsamkeit erforderlich, um Glaubenssätze zu überprüfen und sie zu annullieren, wenn es uns sinnvoll erscheint.

Jedes Mal, wenn uns Konstruktionen wie „ich sollte, ich müsste, ich darf nicht, das geht gar nicht" begegnen, kann das eine Aufforderung an uns sein, zu überprüfen, ob das, was wir denken, wirklich wahrhaftig ist. Es liegt an uns, etwas Neues an diese Stelle zu setzen und etwas Neues auszuprobieren. Damit wird zwar unser etabliertes System in

Aufruhr versetzt und wird sich widersetzen. Es wird „Gefahr" schreien, und es kostet eine Menge Kraft, Neues umzusetzen.

Aber haben wir es einmal geschafft, können wir beobachten, ob das, wovor unser System uns gewarnt hat, wirklich eingetreten ist. Der Erfolg ist ein Ansporn, nicht in das alte Verhalten zurückzufallen. Wir müssen das Neue trainieren, und es uns damit zu Eigen machen. Das heißt nicht, neue Gewohnheiten aufzubauen, sondern es bedeutet, eine Strategie zu entwickeln, die ich je nach Situation achtsam so einsetzen kann, dass sie für mein Leben förderlich ist.

Wie sehen unsere Katastrophenphantasien aus, mit denen wir unsere Freiheit beschneiden? Ich möchte nicht verallgemeinern, sondern schaue, wo meine Ängste liegen. Sie sind bei jedem von uns anders gelagert, aber ich bin der Überzeugung, dass es Überschneidungen gibt.

Eine meiner größten Ängste ist es, nicht mehr geliebt, nicht mehr gewollt zu werden und damit aus der Gemeinschaft zu fallen. Aus dieser Motivation entspringt das, was ich „Gutmensch-Sein" nenne. Viel zu oft habe ich abgenickt, bin eingesprungen, habe meine Meinung nicht gesagt, um eine gute Ehefrau, Freundin, Mutter, Tochter, Schwester und Kollegin zu sein. Dabei bin ich oft über meine Grenzen gegangen und habe Dinge gemacht, hinter denen ich eigentlich nicht stand. Gleichzeitig hat das Ärger erzeugt und eine in mir auftretende Missbilligung, eine Abwertung mir selbst gegenüber.

Was passiert in diesem Moment? Einerseits gehe ich dem nach, was ich von klein auf gelernt habe. Ich verhalte mich so, wie es mein Umfeld von mir erwartet. Andererseits merke ich als Erwachsene, dass ich mich damit selbst verlasse. Ich werde mir meiner selbst untreu, und das erzeugt Ärger und Wut in mir.

Diese Wut projiziere ich auf den Verursacher der jeweiligen Situation: Wenn ich im Krankenhaus kurzfristig einspringe, werde ich ärgerlich auf die Politiker, die seit Jahrzehnten um den Pflegenotstand wissen und nichts unternehmen. Ich bin wütend auf die Chefetage des Krankenhauses, die dieses Extraengagement als selbstverständlich voraussetzt. Und auf die Bevölkerung, die sich nicht für unseren Berufsstand - und letztendlich für sich selbst - stark macht.

An diesem Beispiel ist gut zu erkennen, wie Gefühle wie Ärger, Unzufriedenheit und Wut ausgelagert werden. Das, was eigentlich in uns geschieht, und was wir mit uns selbst machen, schieben wir anderen unter.

Dabei gilt es, endlich anzuerkennen, dass ich mich in dem Moment, als ich „Ja“ zum Einspringen gesagt habe, obwohl alles „Nein“ schrie, selbst aus dem Blick verloren habe. Ich habe anderen mehr Wert zufließen lassen als mir selbst. Ich begegne mir nicht wertschätzend. Das, was ich getan habe entsprang nicht aus meinem vollen Herzen. Es war keine freie Entscheidung.

Wenn ich es in Zukunft schaffe, zu unterscheiden, wann ein Einspringen stimmig ist und wann nicht, habe ich die Wahl. Bereits die Vorstellung beim Schreiben, ein „Nein“ zu formulieren, erzeugt in mir Herzklopfen und Nervosität. Mit Sicherheit werde ich Schuldgefühle haben und Angst verspüren, eine ungeliebte Kollegin zu werden. Es sind die alten Strukturen, die sich melden. Alte Emotionen. Gehe ich in die Klarheit, weiß ich, dass mein Arbeitgeber gut mit einem Nein umgehen kann. Es hat keine Konsequenzen. Die gefürchteten Konsequenzen sind nur in meinem Kopf.

Eine weitere Angst ist Existenzangst. Ich habe lange gebraucht, mich dazu durchzuringen, mich als Heilpraktikerin für Psychotherapie teilweise selbstständig zu machen.

Dabei übe ich damit das aus, was mir wirklich Freude macht. Was ist, wenn ich nicht genügend Klienten habe? Was passiert, wenn ich aufhöre, genügend in die Rentenkasse einzubezahlen? Was wird aus mir, wenn ich krank werde? Kann ich überleben, wenn die Einkünfte ausbleiben und ich Urlaub machen möchte?

Mich daraus zu entwickeln, war eine schwere Geburt. Mittlerweile habe ich viel Freude an der Freiheit, die aus meiner Selbstständigkeit entspringt. Mein Vertrauen wächst, dass ich mir meine Realität selbst gestalten, selbst erschaffen kann. Dieses Vertrauen entstand nur, weil ich neue Erfahrungen machen konnte. Solange ich im Alten gefangen hing, war das Tor zur neuen Erfahrung verschlossen. Deshalb bedarf es einer gewissen Risikofreudigkeit, die in mir nur stellenweise vorhanden ist.

Sich mit seiner Existenzangst zu beschäftigen, kann noch tiefer gehen. Ich kann mich fragen, was ich brauche und was ich nicht benötige, um zu existieren. Wenn ich die afrikanische Realität beobachte, stelle ich fest, dass ich Sklave meines Eigentums geworden bin. Sicherlich mag ich auf bestimmte Bequemlichkeiten nicht verzichten, aber ohne sie ginge es mir wesentlich besser.

Ich erinnere mich an Zeiten, in denen ich in Brasilien zwei Jahre ohne Luxus aus einem Koffer lebte. Ich wohnte in einem Holzverschlag, in dem nachts die Ratten aus dem Gebälk kamen. Aber ich hatte ein Bett, ein Moskitonetz, Fotos meiner geliebten Menschen zu Hause und mein kleines Kissen. Das gab mir das Gefühl von Heimat.

Heute weiß ich, dass dieses Gefühl Heimat in mir und jederzeit abrufbar ist. Die Heimat wird spürbarer, je tiefer ich zu mir komme. Dann eröffnet sich die Antwort auf die Frage, wer ich wirklich bin, wenn ich meine Rollen,

Überzeugungen, Gedanken loslasse. Wenn ich in das weite Bewusstseinsfeld eintrete, in dem alles und nichts existiert.

Die Angst vor Kontrollverlust hält uns gefangen. Auch das ist in den letzten Jahren sehr deutlich zum Vorschein gekommen. Ich glaube, jede Angst vor Kontrollverlust mündet in der Angst vor dem Tod, vor unserer eigenen Auflösung. Da ich als Hospizkrankenschwester viel mit dem Thema Tod zu tun habe, beobachte ich, dass ein Teil unserer Angst vor dem Sterben etwas Instinktives hat. Es tritt aber nur für einen Augenblick auf und verschwindet dann wieder – wenn man das zulässt.

Ich beobachte oft, dass das eigentliche Leid im Vorfeld und nicht im eigentlichen Sterbeprozess stattfindet. Die Vorphase beutelt uns mit Fragen: Warum gerade ich, wieso gerade jetzt, was kommt auf mich zu, wie kann ich dem entgehen, wie behalte ich meine Autonomie? Ich beobachte, dass es in dieser Vorphase darum geht, wirklich alle Gefühle zu durchleben, sie quasi durchzuarbeiten. Deshalb spricht die Sterbeforscherin Elisabeth Kübler-Ross auch von den Sterbephasen wie Leugnen, Wut, Verhandeln, Depression und Hingabe. Und genau darum geht es letztendlich: Um Hingabe. Sich in etwas hineinfallen zu lassen, um die Erfahrung zu machen, von und durch irgendetwas getragen zu werden.

Ich habe das neulich bei unserem Flug nach Gambia einmal bewusst geübt. Als wir landeten, herrschte ein gewaltiges Gewitter über der Hauptstadt Banjul, wie sie in der Regenzeit an der Tagesordnung sind. Angeschnallt ging es von einem Luftloch ins nächste. Ich verbot meinem Kopf jegliche Gedanken an Gefahr. Anstelle dessen genoss ich dieses Rauf und Runter wie in einer Achterbahn. Vollkommenes Vertrauen war in mir und ich verspürte den Wunsch, in einem solchen Vertrauen sterben zu dürfen.

Die Kontrolle abzugeben können wir jeden Tag üben. Ich bin eigentlich ein Mensch, der es mag, einen Plan für den zukünftigen Tag zu haben. Auch hier in Gambia verspüre ich den Impuls zu fragen: „Und was machen wir morgen, und wann geht es los?" Ich gehe diesem Impuls bewusst nicht nach und lasse mich überraschen. Es ist ein mich Hingeben in das, was passiert. Das hat viel mit Freiheit zu tun. Das möchte ich möglichst bald in meinen Alltag integrieren und mit einer Offenheit die Dinge so kommen lassen, wie sie kommen möchten.

Ausnutzen

Mittlerweile bin ich nach Deutschland zurückgekehrt. Eine Klientin fragt mich nach meinem Urlaub in Gambia, und ich erzähle ihr von dem Buch, das ich dort geschrieben habe. Ich erkläre ihr, worauf es mir dabei ankam: Den Blick vom Außen in das Innen zu lenken, um dort das zu finden, was wir im Außen verurteilen.

Um konkreter zu werden, nehme ich das Beispiel ‚Ausnutzen'. Sie betont, sie fühle sich zwar öfters ausgenutzt, zum Beispiel von ihren Geschwistern bezüglich der Pflege ihres Vaters, aber sie nutze niemanden aus.

Ich kenne meine Klientin nicht in- und auswendig, deshalb enthalte ich mich jeglichen Urteils. Anhand eines Beispiels aus meinem Leben mache ich ihr klar, worum es hier geht: Wenn ich bei einem Discounter ein T-Shirt für wenige Euros erwerbe und mich darüber begeistere. Auch noch Bio-Baumwolle für so wenig Geld. Wenn ich innehalte, dann wird hier mindestens einer in der Herstellungskette ausgenutzt. Denn für solch einen Preis kann man nicht einmal Massenware produzieren, ohne ungerecht zu bezahlen. Wenn ich weiter überlege, fällt mein Blick auf mein Handy. In diesem Handy sind seltene Erden verarbeitet. Womöglich abgebaut von Kindern aus der Dritten Welt unter menschenunwürdigen und naturzerstörerischen Bedingungen. Die meisten, sogar teure Produkte, werden mittlerweile in den armen Ländern produziert, wo die Menschen nicht ihres Arbeitswertes entsprechend entlohnt werden, wovon wir aber dann profitieren.

Ein weiteres Beispiel aus meinem Leben fällt mir ein: Da ich handwerklich nicht so begabt bin, aber immer etwas im Haus anfällt, freue ich mich, wenn ich Besuch von meinem mittleren Sohn bekomme. Ich fädele das Ganze dann so ein, dass er mich am Ende nicht nur besucht, sondern auch noch etwas repariert, was ihm verständlicherweise auf die Nerven geht. Dazu kommt meine Erwartungshaltung, dass diese Hilfeleistungen zu einem solidarischen Familienleben selbstverständlich dazugehören.

Während meiner Selbstreflexion fällt mir auf, wie verbissen ich innerlich bin, Situationen auszunutzen, die mir nützen. Es fühlt sich fast schon nach Überlebenskampf an, nur ja keine Situation ungenutzt vorbeiziehen zu lassen. Das bezieht sich auch auf Informationen, die ich eventuell von Menschen erhalten kann oder Beziehungen, die mir nützlich sein könnten.

Ich kann noch tiefer gehen und schauen, wo ich mich selbst ausnutze. Ich hatte in einem anderen Kapitel bereits erwähnt, dass ich unfreundlich mit mir umgehen kann. Wenn ich in meinem Leistungsdenken gefangen bin, nutze ich meine Arbeitskraft bis ins Maximum aus. Dabei gehe ich über meine Grenzen und verliere meine Gesundheit, meinen Körper und auch meine Seele aus dem Blickfeld. Dann bin ich in meinem Kopf, steige aus meinem Gefühl und ziehe alles durch, was ich mir vorgenommen hatte.

Da ich ein Mensch mit viel Energie bin, geht immer noch ein bisschen mehr. Das ist auch eine Form von Ausnutzen und weit entfernt von einem respektvollen, liebevollen Umgang. Auch da fällt mir die oben erwähnte Verbissenheit auf. Ich kann nur sagen: Interessant, was ich da heute wieder in mir ent- und aufgedeckt habe.

Ich bin alles

Ich habe Zeit hier in Gambia. Es ist heiß, jede Bewegung lässt einen in Schweiß ausbrechen. Deshalb bin ich froh, nicht jeden Tag Programm zu haben. Aber es ist ungewohnt, Zeit zu haben. Für mein Sein. Ohne etwas zu tun. Über mir sehe ich das dichte Blätterdach eines großen Mangobaums. Ein breiter Stamm trägt ausladende, dicke Äste. Je mehr ich ihn anschaue, desto mehr nehme ich ihn in mir auf. Ich fühle seine Verwurzelung in der Erde. Seine Tragfähigkeit. Seine Ausbreitung gen Himmel. Ich spüre seine Lebendigkeit, die Frische des Grüns seiner Blätter. Und wie er uns durch eine Art Schirmherrschaft vor Sonneneinstrahlung und Hitze schützt.

Je länger ich mich mit ihm verbinde, werde ich zum Baum. Alles finde ich in mir. Es ist alles Gewahrsam. Mein Blick wandert zu einer kleinen Palme, die im Wachstum begriffen ist. Ich fühle ihre Kräfte der Weiterentwicklung. Alles, was die Palme zu tun hat, ist weiter zu wachsen. Nicht mehr und nicht weniger. Sie kümmert sich um nichts anderes, geht einzig und allein ihrer Aufgabe nach. Ich spüre ihre Zentrierung auf ihre Aufgabe hier und auf das, was automatisch kommen soll. Ohne Dazutun, im vollsten Vertrauen auf ihre Berufung hier auf Erden.

Neben der Palme steht ein Bananenstrauch mit einem Fruchtstand, der bald geerntet werden kann. Welcher Aufgabe ist dieser Baum nachgekommen? Früchte zu bringen, die entweder Fortpflanzung oder Freude und Nahrung für Menschen und Affen bedeutet. Alles auf natürliche Art und Weise, still und ohne sich hervorzutun. Bedeutsamkeit, die im Verborgenen stattfindet. Auch den Bananenstrauch finde ich in mir und werde sofort demütig. Im Verborgenen

Früchte bringen, Freude schaffen, einfach weil Freude und Dienen Teil unserer Natur sind.

Ich erinnere mich an den gestrigen Tag, den wir an einem der Traumstrände Gambias verbringen durften. Den ganzen Tag saßen wir auf unseren Liegen und schauten in die Wellen. Mein Reisebegleiter sagte: „Stell Dir vor, mit jeder Welle, die ankommt, wirst du kraftvoll überschüttet mit Liebe aus dem Universum." Ich öffnete mich und nahm alles, die Urkraft, die nicht endende Energie, die Liebe in mich auf und letztendlich war ich sie.

So nähere ich mich langsam dem Gedanken, dass es kein Außen gibt, sondern alles in mir entsteht. Dass ich alles bereits bin. Sowohl das Schwere als auch das Leichte. In diesen Augenblicken brauche ich nichts mehr. Alles ist gut, wie es ist. Alles, was ich brauche, ist bereits vorhanden. Ich muss es mir nur immer wieder bewusst machen.

Soeben lief der große Wassertank über, der allwöchentlich per Strom gefüllt wird. Schnell wurde die Füllung mit den Worten gestoppt: „Schau mal, was für ein Segen für die Vögel, wie durstig sind sie, und was für eine Freude, dass sie so zu trinken haben." In allem steckt eine Weisheit, eine Harmonie. Es liegt an mir, sie zu sehen.

Seltsame Phänomene

Herr Lohmann sitzt bei mir in der Trauerbegleitung. Nach 54 jähriger Ehe ist seine Ehefrau verstorben. Er hatte sie ein Jahr lang hingebungsvoll gepflegt. Es ist ein großes Loch, in das Herr Lohmann gefallen ist, der Verlust seiner Frau schmerzt ihn unaufhörlich. Um eine Verbindung zu ihr zu spüren, geht er täglich auf den Friedhof zu ihrem Grab. Manchmal bringt er ihr Rosen mit, die sie so liebte. Als eine Rose den Kopf hängen ließ, beschrieb das seine Stimmung. Er redete mit seiner Frau und schimpfte über die Qualität der Blumen. Aber er beließ die Rose bei den anderen. „Sie können sich gar nicht vorstellen, was ich am nächsten Tag vorfand", erzählte er mir später mit leuchtenden Augen: „Alle Blumen standen aufrecht, frisch, wie am ersten Tag." Wir empfanden beide, dass das nur ein Zeichen seiner Frau sein konnte.

Bei einer Lesung meines ersten Buches las ich ein Kapitel vor, das von seltsamen Phänomenen handelt. Im Publikum stoße ich bei diesem Thema immer auf hohe Resonanz. Anscheinend hat fast jeder schon einmal Dinge erlebt, die er sich mit normalem Verstand nicht erklären kann. Besonders Trauernde berichten mir oft wundersame, bezaubernde Dinge.

Kann es sein, dass wir mehr sind als Materie? Da alles aus Energie besteht, sind wir alle eins. Wenn ich mir vorstelle, dass ich die Atemluft mit all den anderen Lebewesen um mich herum teile, spüre ich Verbundenheit. Was ist es, was uns lebendig macht? Was ist das für ein Funke, der ein Herz schlagen lässt? Wieso kann Gedankenkraft Realität erschaffen? Ist die Realität, die ich im Außen wahrnehme, nicht das, was ich in mir trage? Zumindest erfahre ich die Realität aus meiner Sicht- und Erlebnisweise, gekoppelt an meine Emotionen oder Gefühle. Kein anderer sieht das, wie ich es sehe. Derzeit laufen acht Milliarden Filme von acht Milliarden Erdenbürgern. Acht Milliarden unterschiedliche Realitäten, unfassbar für mein Gehirn. Dann ist es auch kein Wunder, dass es so viele Missverständnisse auf der Welt gibt.

Aber wir können anfangen, uns zu vergegenwärtigen, dass wir alle von der gleichen Substanz sind. Wie die Wellen, die lediglich Ausprägungen des gleichen Wassers, des Meeres sind. Wir könnten uns erinnern, dass wir alle ähnliche Sehnsüchte haben. Ähnliche Herausforderungen. Vielleicht würden wir dann etwas barmherziger miteinander umgehen.

Wenn mein Verstand still wird, kann ich spüren, wie alles in mir entsteht. Dann gibt es kein Innen und kein Außen mehr. Mir wird bewusst, wie ich Gestalter meiner Realität mit meinem Bewusstsein bin. Je nachdem, wie ich denke, erzeuge ich Liebevolles oder Negatives.

Noch einmal zurück zu den seltsamen Phänomenen. Wenn wir die Welt nur mit unserem Verstand wahrnehmen, werden wir sie lediglich als Zufälle einordnen oder anders versuchen, sie zu erklären. Wenn wir zu unserer intuitiven Intelligenz zurückkehren, zum Bauchgefühl, erleben wir, wie zauberhaft unsere Welt sein kann. Dazu kommt, dass unsere natürliche Intuition ein besserer Wegführer durch die Wirren unserer Zeit ist. Mit ihr können wir besser fühlen, was richtig und was falsch ist.

Medien und Wissenschaft füttern lediglich meinen Verstand. Damit laufe ich Gefahr, in Angst und Hilflosigkeit zu verharren. Wenn ich meine Intuition, meinen Geist stärke und trainiere, können sie ihre ursprünglichen Aufgaben wieder übernehmen. Aus der Stille heraus erlange ich Orientierung.

Es gibt Momente, da fühle ich mich durch andere geistige Kräfte getragen. In mir wächst das Vertrauen, dass wir aus dem Universum permanente Unterstützung bekommen. Dass wir doch nicht so wenige sind, die an der Transformation dieser verrückten Welt arbeiten. Das gibt mir Mut, weiterzumachen und nicht zu verzagen.

Über die Liebe und ein Ausblick

Dreieinhalb Wochen in Gambia gehen dem Ende entgegen. Unser Flugzeug startet tief in der Nacht. Unser Freund und seine Nachbarin, die wir mittlerweile sehr in unser Herz geschlossen haben, lassen es sich nicht nehmen, uns zum Flughafen zu bringen.

Wir haben noch etwas Zeit bis zum Abflug. Ab und an sehen wir einige Menschen mit weißer Hautfarbe unter den Afrikanern. Ich hatte ganz vergessen, dass wir ja ähnlich aussehen. Mir wird bewusst, wie wir uns nähergekommen, wie wir näher zusammengerückt sind. Mit unseren Herzen. Und ich bin beglückt, so viel Herzlichkeit, so eine Vielfalt von Menschen und Gewohnheiten kennengelernt zu haben.

Wie gut tut es, wenn wir uns vergegenwärtigen, dass wir alle ein Ausdruck von Liebe sind. Alle Menschen und Wesen, alles, was es hier gibt, entspringt aus einer Quelle. Für mich ist es die Quelle der Liebe. Ich fühle mich geliebt und in mir ist es angelegt, lieben zu können. Wir haben alle diese Anlage in uns - sie zeigt sich, wenn jemand in Not ist. Dann springt (fast) jeder ein und hilft, ohne vorher zu denken. Es geht vielleicht nur darum, sich zu erinnern, dass wir alle Liebe sind. Diese Kraft könnte unser Bewusstsein und damit unsere Welt ändern. Es fängt bei uns im Kleinen an. Am besten geht es damit, dass wir uns vorstellen, dass wir persönlich gemeint, gewollt und geliebt sind. Denn wir sind hier als Mensch einzigartig. Uns gibt es nur ein einziges Mal auf der Welt. Und wir sind gemeint, so wie wir sind. Wenn wir uns in uns geliebt und angenommen fühlen, können wir andere annehmen und lieben. Wir können auch Menschen, mit denen wir nicht konform gehen, begegnen mit der

Gewissheit, dass auch sie ein von der Quelle geschaffenes Wesen sind. Dass auch sie den Liebesfunken in sich tragen. Wir können ihnen entgegentreten, ohne zu verurteilen - sondern uns anstelle dessen sagen, sie haben ihren eigenen Grund zu handeln, den wir noch nicht erkennen können. Ich gebe zu, dass es mir bei einigen Menschen schwerfällt, aber ich übe. Denn ich bin überzeugt, dass wenn wir uns kollektiv bewusster über unsere Liebesfähigkeit und Solidarität wären, dann würden wir „im Bewusstsein verzerrte“ Menschen mitreißen.

Die Herausforderung liegt darin, mehr in unser Herz zu gehen. Es sprechen zu lassen. Ihm und unserer Intuition mehr zu vertrauen. Unsere Gewohnheiten und Glaubenssätze zu hinterfragen. Uns bewusst zu sein, dass wir perfekte, aus der Liebe heraus geschöpfte Wesen sind, die sich an ihren Schöpfergeist wieder erinnern können. So können wir alles und jedem mit Respekt vor dem Leben und Dankbarkeit zu begegnen. Wir würden zusammenrücken und neue Gedanken kreieren, aus denen neue Formen des Miteinanders entstehen. Wo es nicht mehr um Macht und Geld, sondern um gelebte Freude und Liebe geht.

Epilog: Über Wahrhaftigkeit

Mittlerweile sind vier Monate vergangen, seitdem ich aus Gambia zurückgekehrt bin und das Buch geschrieben habe. Ich merke, wie sich in mir langsam etwas verändert. Der Wert 'Wahrhaftigkeit' wird mir immer wichtiger.

Was heißt Wahrhaftigkeit eigentlich? Ich interpretiere das Wort so, dass ich für meine Wahrheit hafte. Das heißt, dass ich mich mit ganzem Herzen der Wahrheit und meinen Werten verpflichte.

Was bedeutet das nun konkret?

Neulich wollte ich unbedingt an einem Wochenend-workshop teilnehmen. Jetzt hatte ich ausgerechnet an diesem Wochenende Dienst. Sofort sprang mich die Idee an, mich krankschreiben zu lassen. Nach einer kurzen Weile des Nachspürens merkte ich, dass diese Strategie des Lügens vorbei ist. Ich dachte bei mir: „Du schreibst dieses Buch, also richte Dich auch danach". So fand ich eine andere Lösung, nämlich eine Kollegin zu fragen, ob sie mit mir tauscht. Es war für mich völlig klar, dass, wenn ich niemanden fände, der meinen Dienst übernimmt, ich den vollen Preis der Verantwortung würde zahlen müssen: Nämlich auf die Teilnahme an dem Workshop zu verzichten.

Wenn ich mich meiner Wahrheit verpflichte, dann bedeutet das, dass ich mir meiner Werte bewusst sein muss. Werte wie Ehrlichkeit, Gradlinigkeit, Offenheit, Gewaltverzicht, Authentizität, Frieden, Verbindung. Das gibt mir die Möglichkeit der Orientierung. Indem ich vorher überprüft habe, in welcher Form ich das, was ich im Außen kritisiere, in mir trage, kann ich bewusst wandeln. Was an neuem Handeln möchte ich anstelle meiner alten Gewohnheit setzen? Und vor allem, wie konsequent bin ich dabei?

Diesen Gedanken hatte ich beim letzten Einkauf. Ich war in einem Billigdiscounter und stand vor dem Kühlregal. Soll ich jetzt konventionell kaufen oder aber das doppelt so teure Bioprodukt? Ich merkte das Spannungsfeld, das sich in mir eröffnete: Die Devise, billig zu kaufen, kannte ich gut aus meiner Kindheit und hatte sie bis jetzt weitergelebt. Nun auf die gute Tierhaltungsform, auf qualitätvolle Inhaltsstoffe, die mir guttun, zu achten, das war neu. Ich merkte, dass es immer wieder einer festen Entscheidung bedarf, Neues auszuprobieren. Und damit schwang auch – endlich! - mit, Konsequenzen aus meinen Erkenntnissen folgen zu lassen. Nicht immer nur denken oder reden, sondern auch handeln! Schließlich kaufte ich nur Bioprodukte und es fühlte sich gut an. Ich freute mich, kleine Schritte umgesetzt zu haben.

Den Wert 'Gewaltverzicht' wahrhaftig zu leben, empfinde ich in diesen Tagen als sehr herausfordernd. Ich erwische mich immer wieder dabei, wie empört, fassungslos, ja erschrocken ich darüber bin, wie Staaten aufrüsten und in der Politik nach immer stärkeren Waffen gerufen wird. Ich verurteile diese Menschen, die sich darin besonders hervortun. Wenn ich innehalte, dann wird mir aber bewusst, dass ich mit meinen Gedanken ähnlich gewaltbereit bin: Jedes herablassende, angreifende Wort spiegelt deren Energie wider. Es ist für mich eine schwierige Aufgabe, bei meiner pazifistischen Haltung zu bleiben, und dennoch die Verbindung zu diesen oben beschriebenen Menschen nicht aufzugeben und sie trotz allem mit liebenden Augen und Herzen anzuschauen. Wir müssen uns einfach darüber bewusst sein, dass wir ansonsten genau dasselbe machen, was wir an ihnen kritisieren.

Für mich ist das ein neuer Weg. Egal was wir eigentlich durch das Christentum hätten lernen sollen, Jahrtausende kannten wir immer nur ein und dasselbe: Auge um Auge, Zahn um Zahn. Vielleicht ist es nun an der Zeit, etwas anderes auszuprobieren. Haltung zu bewahren, aber nicht außer Acht zu lassen, dass der andere auch ein Teil von mir ist.

Daran schließt sich auch immer wieder die Frage nach dem Frieden an. Es erfordert Achtsamkeit, sich jeden Moment wieder neu für Frieden in mir zu entscheiden. Schon beim Aufstehen erwische ich mich, wie ich aus dem Fenster schaue und von dem gefühlt nicht enden wollenden Regen genervt bin. Von Frieden mit dem, was ist, keine Spur. Was ist mit meinen Rückenschmerzen, die mich manchmal plagen? Was ist mit meinen inneren Kindanteilen, die nach Aufmerksamkeit rufen und gehört werden möchten? Alles Dinge, die mich stören, die ich nicht haben möchte. Klingt das nach Frieden, dem ich mich als Wert, als meine Wahrheit verpflichtet habe?

Es wird offensichtlich, dass wir sehr achtsam und sehr entschlossen sein müssen, um „wahrhaftig" zu leben.

Das 'Geschenk' hinter wahrhaftem Leben ist Authentizität. Wir stehen hinter dem, was wir sagen und wie wir handeln. Wir übernehmen dabei den vollen Preis der Verantwortung. Wir stehen für uns ein. Und entdecken in der Prüfung, was wirklich zu uns gehört. Je mehr wir das zeigen, was wahrhaftig zu uns gehört, desto weniger anstrengend wird unser Leben. Dann „machen" wir nicht mehr, sondern wir lassen „entstehen".

Wir werden unabhängig vom Außen. Damit eröffnet sich eine große innere Freiheit! Wir warten nicht mehr, dass das Außen für die Einhaltung unserer Werte sorgt, sondern übernehmen es selbst in und mit uns - mit dem Nebeneffekt, dass das auch eine Wirkung auf unser Umfeld hat!

Ein weiteres Geschenk ist die 'Präsenz': Der gegenwärtige Moment ist das Einzige, was zählt. Je wahrhaftiger wir leben, desto mehr fallen Gedanken und Emotionen weg, die aus der Vergangenheit kommen und sich auf die Zukunft beziehen. So wird es uns in einer anderen Intensität möglich, das zu erleben, was der Moment hergibt. Wir fühlen und lassen entstehen. Wir entdecken die Schönheit in den kleinen Dingen, die Fülle und die Liebe, die bereits in jedem Augenblick schon in uns ist. So werden wir selbst die Veränderung, die wir uns für diese Welt wünschen.

Eine Dankesmeditation (von Marko Lorenz)

Danke für die Liebe, die ich bin - für die Liebe in meinem Leben, für die Liebe, die mich umgibt.

Danke für das Wunder des Lebens, das ich bin und das Wunder des Lebens, das ich überall gespiegelt sehe.

Danke für diesen perfekten Körper, der diese Realität kennt. Danke!

Danke für die reiche Fülle, die ich bin.
Danke für die Fülle, die ich gespiegelt sehe überall um mich herum.

Danke für die Reichtümer und den Reichtum meines Lebens.
Danke für den Strom an Geld, der zu mir und durch mich strömt.

Danke für das Abenteuer der Millionen Möglichkeiten und Wahrscheinlichkeiten.

Danke für die Schönheit und die Harmonie. Danke!

Danke für den Frieden und die Ruhe, danke für das Lachen und die Freude.

Danke für das Spiel, danke für die Leidenschaft in meinem Leben.

Und danke für das Privileg zu dienen und zu teilen.

Danke für das Geschenk, das ich bin.

Danke, dass der Tag wundervoll wird und der morgige Tag noch wundervoller.

Empfehlungen

Wer sich auf seine eigene innere Reise begeben möchte, dem kann ich aus eigener Erfahrung folgendes empfehlen:

Krügenhaltz-Akademie: gegründet von Horst Vogel, einer der ersten Persönlichkeitstrainer. Er und seine Trainer und Trainerinnen bieten verschiedene, aufeinander aufbauende Seminare an.
www.kruegenhaltz.com
Buchempfehlung: „Ach, könnt' ich Euch doch ändern" (H. Vogel)

Marko Lorenz: Er bietet eine Vielzahl von Meditationen mit verschiedenen Frequenzen an.
www.markolorenz.com/category/brainwave3d-frequenzen

Beate Reitzenstein: Sie bietet eine sanfte Art von Chiropraktik an:
Network Spinal Analyse. Ziel ist die Stimulierung der Selbstheilungskräfte unseres Körpers. Es hat sich gezeigt, dass sie bei Rücken-Beschwerden, post-traumatischen Stress-Symptomen sowie weiteren unterschiedlichen Krankheitsbildern helfen kann.
www.beate-reitzenstein.com

Zur Unterstützung Ihrer Bewusstseins-Entwicklung stehe ich Ihnen als Heilpraktikerin für Psychotherapie und Trauerbegleiterin gerne und mit Freude zur Verfügung:

Alle Infos hierzu stehen auf meiner Website: Anke Gerstein
www.lebensbegleitungkoeln.de

Immer wieder neue Gedankenanstöße und kleine Beiträge finden Sie in meinem Blog auf meiner Website oder auf
www.facebook.com/anke.gerstein

Danke..

Ein großes Danke geht an meine Freundin Chris, die mich durch ihre radikale Ehrlichkeit und konstruktive Kritik unfassbar unterstützt hat. Außerdem ist sie für den Titel und den schönen und passenden Bucheinband in Zusammenarbeit mit Mathias verantwortlich. Auch ihm gilt Dank!

Danke sage ich meinem Cousin Felix, der die erste Durchsicht dieses Buches vornahm, meiner Freundin Brigitte und Frau Schwientek, die es lektorierte.

Von Herzen möchte ich meinen Weisheitslehrern danken: Unter anderem Marion, die unermüdlich all ihr Wissen an mich weitergibt und Horst Vogel, der mich mit Handwerkszeug versorgt, damit ich mich immer mehr durchschaue.

An dieser Stelle möchte ich auch meinem Gastgeber in Gambia Pa bedanken, der uns an seinem Leben hat teilhaben lassen und uns durch seine große Herzlichkeit fasziniert hat. Dank gilt auch an meinen Reisepartner Aurel, der mich ermutigt hat, meiner Lust zu schreiben Ausdruck zu verleihen.

Und letztendlich möchte ich all meinen Lesern danken, die sich für diesen außergewöhnlichen Ansatz interessieren und sich dadurch eventuell inspirieren lassen. Auf dass aus unserer Welt eine Menschheitsfamilie wird…

Sterben wie ein Profi – Wie gutes Sterben gelingen kann

Von Anke Gerstein

Wie sterbe ich? Wie geht das mit dem Sterben? Auf diese Fragen gibt es Antworten. Was macht Sterbenden Mut und stärkt ihre Angehörigen, die begleiten wollen? Und schließlich: Wie

kann ich mich selbst auf ein friedliches Sterben vorbereiten? Diesen Fragen geht Anke Gerstein in ihrem Buch nach. Es beruht auf vielen Beobachtungen und Erfahrungen, die sie als Palliativkrankenschwester und Sterbeamme gemacht hat. Es beinhaltet authentische und berührende Geschichten, die sie in ihrem Alltag im Hospiz erlebt hat. Dazu kommen Interviews mit Fachleuten und Wissenswertes rund um das Leben und das Sterben.

Ein Buch, das leicht zu lesen ist, obwohl es tiefe und komplexe Inhalte vermittelt und das weiterhelfen will.

14,80 Euro, ISBN 9783947438471
154 Seiten, Bücken & Sülzer Verlag

Über die Autorin

Anke Gerstein, (geb. 1964), lebt in Köln. Schon als junger Mensch fing sie an, das Leben zu erforschen und stellte viele Fragen nach dem Sinn des Lebens, Gerechtigkeit und Tod.

Mittlerweile arbeitet sie seit 2008 als Hospiz- und Palliativkrankenschwester, ein Weg, der sie zu einer Lebens- und Sterbeamme, Trauerbegleiterin, Heilpraktikerin für Psychotherapie und Autorin („Sterben wie ein Profi") werden ließ.

Ihr täglicher Kontakt mit Menschen in Krisen gibt ihr einen Einblick in die Komplexität des Lebens. Daraus erwuchs ihr Anliegen, Menschen zu unterstützen, in ihre Selbstermächtigung zu kommen und sich damit ihres Selbstwertes und Potentials bewusst zu werden.

Ein Schwerpunkt ihres Wirkens ist Bewusstseinsarbeit. Je mehr wir unsere inneren Strukturen, Gewohnheiten und Denkmuster durchschauen, desto bewusster können wir unser Leben so gestalten, wie wir es gerne haben würden: in Fülle, Frieden, mit Freude und ohne Angst.

Anke Gerstein hat in Köln eine eigene Praxis, in der sie auch sehr gerne mit Kindern und Jugendlichen arbeitet.

Mehr Infos siehe: **www.lebensbegleitungkoeln.de**

Sie freut sich über Rückmeldungen unter der E-Mail-Adresse:
anke.gerstein@lebensbegleitungkoeln.de